MW01707568

La Cuisine italienne

Correspondance des mesures

100 g = 3,5 onces (oz)
1 kg = 2,2 livres (lb)
100 ml = 0,42 tasse ou 3,5 onces liquides (oz liq)
1 cuil. à café = 5 ml
1 cuil. à soupe = 15 ml
95 °C = 200 °F

La Cuisine italienne

Sommaire

Introduction

L'Italie est le pays de l'art et de la joie de vivre et le plaisir de bien manger et bien boire en fait toujours partie. Mais qu'est-ce qui rend la gastronomie italienne si exceptionnelle qu'elle figure désormais au rang des cuisines les plus appréciées au monde ?

Traditionnellement, la cuisine méditerranéenne est une cuisine légère à base d'herbes fraîches, d'huile d'olive de la meilleure qualité, de légumes et de fruits frais et, bien entendu, d'un nombre incalculable de plats de pâtes. Les marmites italiennes ont pourtant bien plus à proposer que des pizzas, des pâtes et du risotto !

Un menu italien commence en général par les antipasti, ces savoureux assortiments de hors d'œuvre qui ouvrent l'appétit. Ces amuse-bouche peuvent être servis aussi bien chauds que froids. Ce sont des légumes préparés dans de l'huile ou du vinaigre avec des herbes, mais également avec de la viande, du poisson, des fruits de mer, du fromage et du pain. Il existe une infinie variété de préparations et chaque italien les accommode à sa façon.

Viennent ensuite les premiers plats, c'est-à-dire l'entrée après les antipasti, qui peuvent être des potages, les plus connus étant le minestrone et la soupe à la tomate.

Les légumes jouent un grand rôle dans la cuisine italienne et de par ses conditions climatiques, ce pays est considéré comme le potager de l'Europe. Les juteuses tomates gorgées de soleil occupent la première place, suivies des courgettes, aubergines et poivrons, ingrédients privilégiés de la cuisine italienne.

Sans plat de pâtes, qui fait partie des premiers plats, la cuisine italienne ne serait pas ce qu'elle est. Il y a d'innombrables sortes et formes de pâtes et presque autant de manières différentes de les préparer.

Tandis que l'Italien du sud préfère un plat de pâtes en entrée, l'Italien du nord commande plutôt de la polenta, une semoule de maïs accommodée avec un fromage corsé ou une sauce relevée, ou du risotto, le traditionnel plat de riz du nord de l'Italie.

La pizza italienne est connue dans le monde entier. Son inventeur était un boulanger napolitain qui étala un jour un reste de pâte à pain en une fine couche qu'il garnit de légumes, saucisson et jambon. Cuite au four, la première pizza venait d'être créée.

En Italie, à chaque repas, il y a du pain sur la table et chaque région s'enorgueillit de ses propres sortes de pain. Qu'il s'agisse de crostinis, bruschetta, ciabatta, petits pains pizza, pain carasau ou focaccia : sans pain, rien ne va en Italie.

La viande et la volaille sont le plat de résistance, le deuxième plat venant après les pâtes ou le risotto dans le menu. Des mets tels que les saltimbocca à la romaine et l'osso buco sont désormais réputés dans le monde entier.

L'Italie ressemble à une botte plongée dans la mer. Rien d'étonnant donc à ce que poissons et fruits de mer occupent une place de choix sur la table des Italiens. D'ailleurs, la mer n'est pas la seule à offrir une grande variété de poissons, les lacs et les rivières sont également poissonneux, comme les grands lacs de Lombardie, les lacs de Lugano, de Côme ou de Garde.

En Italie, les dolci ou desserts désignent tout un choix de délicieuses friandises, telles que pâtisseries, tartes, gâteaux, fruits macérés, entremets et glaces.

Un menu italien, cependant, se termine rarement par un dessert classique. Le repas se conclut plus souvent avec un peu de fromage ou un fruit.

Antipasti & Soupes

Aubergines marinées et champignons

Pour 4 personnes

500 g de petites aubergines

500 g de champignons de Paris

125 ml d'huile d'olive

6 gousses d'ail

Sel

Poivre

2 c.s. de persil fraîchement ciselé

75 ml de vin blanc sec

Jus et zeste d'un citron non traité

½ botte de thym

Préparation : 20 minutes
(Temps de macération et de cuisson en sus)
Par portion : 110 kcal/461 kj
P : 9 g, L : 1 g, G : 13 g

1 Préchauffer le four à 200 °C (chaleur tournante 180 °C). Nettoyer, laver et couper les aubergines en tranches. Nettoyer et laver soigneusement les champignons de Paris.

2 Badigeonner un moule à soufflé avec 3 c.s. d'huile d'olive. Déposer les tranches d'aubergines dans le moule. Éplucher et hacher 4 gousses d'ail. Éparpiller sur les aubergines et recouvrir avec 5 c.s. d'huile d'olive. Saler et poivrer et cuire au four environ 35 minutes. Mélanger ensuite avec le persil et laisser macérer pendant au moins 1 heure.

3 Faire chauffer 3 c.s. d'huile d'olive dans une poêle et bien faire revenir les champignons. Éplucher et hacher le reste de l'ail. L'ajouter avec le vin, le jus et le zeste de citron aux champignons et faire mijoter le tout. Laver le thym, secouer pour le sécher et mettre les tiges dans la poêle. Saler et poivrer. Retirer les champignons du feu et laisser macérer au moins 2 heures.

Carpaccio de bœuf

Pour 4 personnes

300 g de filet de bœuf sans gras ni tendon

1 céleri en branches

2 c.s. de jus de citron

6 c.s. d'huile d'olive

Sel

Poivre

50 g de parmesan ou de grana padano

Préparation : 20 minutes
(Temps de congélation et de macération en sus)
Par portion : 260 kcal/1092 kj
P : 19 g, L : 19 g, G : 2 g

1 Entreposer le filet de bœuf environ 1 heure au congélateur pour le raidir. Le découper ensuite en tranches aussi fines que possible.

2 Nettoyer et laver le céleri en branches et couper la partie supérieure en petits dés. Mélanger le jus de citron avec l'huile et le sel pour obtenir une sauce crémeuse.

3 Déposer les tranches de filet sur une assiette et saupoudrer de poivre du moulin. Puis asperger de sauce.

4 Laisser macérer environ 30 minutes le carpaccio couvert d'un film alimentaire. Puis répartir du fromage en copeaux et ajouter les dés de céleri.

Bruschetta avec des tomates

Pour 4 personnes

2 gousses d'ail

2 tomates charnues

Sel

Poivre

½ botte de basilic

8 tranches de pain blanc ou de baguette

6 c.s. d'huile d'olive

Préparation : 25 minutes
(Temps de cuisson en sus)
Par portion : 178 kcal/749 kj
P : 3 g, L : 10 g, G : 20 g

1 Préchauffer le gril du four à 200 °C. Éplucher les gousses d'ail. Laver et couper les tomates en deux, retirer les pédoncules, épépiner et détailler en petits dés.

2 Saler et poivrer les dés de tomates. Laver le basilic, secouer pour le sécher et détacher les feuilles des tiges. Couper les feuilles en lanières et les mélanger aux dés de tomates.

3 Faire dorer les tranches de pain des deux côtés au four sous le gril. Les sortir du four et les frotter avec les gousses d'ail. Arroser le pain de quelques gouttes d'huile d'olive et répartir dessus les dés de tomates.

Artichauts
avec une mayonnaise au citron

Pour 4 personnes

8 petits artichauts
6 c.s. de jus de limette
Sel
1 jaune d'œuf
125 ml d'huile d'olive
4 c.s. de jus de citron
100 g de yaourt nature
Poivre

Préparation : 30 minutes
(Temps de cuisson en sus)
Par portion : 405 kcal/1 701 kj
P : 9 g, L : 34 g, G : 15 g

1 Enlever les feuilles d'artichaut du bas les plus dures, raccourcir les queues et couper la pointe des feuilles (de préférence avec des ciseaux). Mettre 4 c.s. de jus de limette dans 1 litre d'eau et y faire tremper les artichauts.

2 Porter à ébullition dans une grande casserole 1,5 litre d'eau avec le reste du jus de limette et un peu de sel et y faire cuire les artichauts environ 15 minutes à feu doux.

3 Pour la mayonnaise, battre le jaune d'œuf dans un bol. Monter une mayonnaise onctueuse en versant goutte à goutte un huitième de l'huile d'olive. Puis ajouter 1 c.c. de jus de citron et un autre huitième d'huile d'olive. Répéter l'opération jusqu'à ce qu'il ne reste plus d'huile ni de jus de citron.

4 Fouetter le yaourt pour obtenir une consistance lisse et l'incorporer à la mayonnaise par cuillerée. Saler et poivrer. Mettre la mayonnaise au frais.

5 Évacuer l'eau de cuisson des artichauts, les égoutter dans une passoire. Les disposer ensuite sur 4 assiettes et servir avec la mayonnaise au citron.

Jambon de Parme
au melon

Pour 4 personnes

1 melon d'hiver

125 g de jambon de Parme en fines tranches

2 tomates

½ botte de persil plat

½ botte de basilic

100 ml d'huile d'olive

50 ml de vinaigre de vin

Sel

Poivre

Préparation : 30 minutes
Par portion : 347 kcal/1 459 kj
P : 18 g, L : 38 g, G : 5 g

1 Couper le melon en deux, ôter les pépins avec une cuillère, puis l'écorce et découper les deux moitiés en fins quartiers. Dresser harmonieusement les quartiers de melon et les tranches de jambon sur les assiettes.

2 Ébouillanter les tomates, les peler et ôter les pédoncules. Les épépiner et concasser. Laver les herbes, secouer pour les sécher, détacher les feuilles de basilic des tiges et hacher le tout finement.

3 Préparer une marinade avec l'huile d'olive, le vinaigre, les tomates et les herbes. Saler et poivrer.

4 Arroser le jambon avec la marinade et servir.

Vitello tonnato
Veau à la sauce au thon

Pour 4 personnes

1 carotte

1 céleri en branches

1 poireau

1 gousse d'ail

500 g de noix de veau

250 ml de vin blanc

250 ml de fond de viande

1 c.s. de vinaigre de vin

1 feuille de laurier

3 grains de poivre

100 g de thon
(en conserve)

2 filets d'anchois
(en bocal)

1 c.s. de jus de citron

75 g de mayonnaise

1 c.s. de câpres

Préparation : 35 minutes
(Temps de cuisson et de refroidissement en sus)
Par portion : 303 kcal/1 271 kj
P : 34 g, L : 16 g, G : 4 g

1 Éplucher la carotte, nettoyer et laver soigneusement le céleri et le poireau. Couper les légumes en petits morceaux. Éplucher et hacher l'ail grossièrement.

2 Rincer la viande. Réchauffer dans une casserole le vin, le fond et le vinaigre et y faire cuire la viande avec les légumes, l'ail, le laurier, les grains de poivre et le sel pendant environ 45 minutes. Laisser refroidir dans le jus de cuisson.

3 Bien égoutter le thon et les filets d'anchois. Au mixeur, réduire le thon en purée avec 3 c.s. de jus de cuisson, hacher très finement les anchois. Mélanger 125 ml de jus de cuisson de la viande avec le jus de citron et la mayonnaise pour obtenir une sauce onctueuse. Ajouter le thon en purée et les anchois et mélanger le tout pour obtenir une consistance lisse. Saler et poivrer au goût et ajouter les câpres.

4 Retirer la viande du bouillon, égoutter et découper en fines tranches. Servir les tranches de veau avec la sauce au thon et aux câpres, froides, en entrée.

Crostinis aux foies de volaille

Pour 4 personnes

150 g de foies de volaille

1 tranche de jambon cru, séché à l'air

½ oignon

4 feuilles de sauge

4 c.s. d'huile d'olive

2 c.s. de vin blanc sec

Sel

Poivre

8 tranches de pain blanc

Préparation : 15 minutes
(Temps de cuisson et temps pour griller en sus)
Par portion : 252 kcal/1060 kj
P : 10 g, L : 14 g, G : 16 g

1 Hacher finement les foies de volaille. Couper le jambon en petits dés. Hacher finement l'oignon. Laver les feuilles de sauge, secouer pour les sécher et couper en fines lanières.

2 Faire chauffer 1 c.s. d'huile d'olive dans une poêle et y faire blondir l'oignon. Ajouter les foies avec le jambon et les lanières de sauge et faire revenir. Faire cuire à feu doux pendant environ 8 minutes. Ajouter le vin et laisser mijoter le tout encore quelques minutes jusqu'à évaporation du liquide. Saler et poivrer.

3 Faire chauffer le reste de l'huile dans une deuxième poêle et y faire griller les tranches de pain des deux côtés pour qu'elles soient croustillantes. Tartiner le pain avec la préparation aux foies de volaille et servir.

Salade de fruits de mer à la napolitaine

Pour 4 personnes

700 g de moules
350 g de palourdes
350 g de calamars
175 g de crevettes crues
100 ml de vin blanc sec
Jus d'1 citron et ½
Sel
1 gousse d'ail
1 c.c. de moutarde
Poivre
3 c.s. d'huile d'olive
1 branche de céleri en branches
½ botte de persil plat

Préparation : 45 minutes
(Temps de cuisson et de macération en sus)
Par portion : 450 kcal/1 890 kj
P : 32 g, L : 27 g, G : 19 g

1 Brosser soigneusement les moules sous l'eau courante, éliminer les moules ouvertes. Laver les calamars et les couper en rondelles. Décortiquer les crevettes et enlever l'intestin.

2 Dans un grand faitout, porter à ébullition 500 ml d'eau avec le vin, 1 c.s. de jus de citron et un peu de sel. Y faire cuire les calamars pendant 2 minutes à couvert. Les retirer avec une écumoire et égoutter.

3 Laisser tremper les crevettes environ 1 minute dans l'eau bouillante puis les verser dans un saladier avec les calamars. Faire cuire les moules et les palourdes respectivement 3 minutes. Veiller à ce que toutes les moules s'ouvrent en les brassant. Égoutter les moules et éliminer celles qui sont restées fermées. Sortir les moules des coquilles et les adjoindre aux autres fruits de mer.

4 Éplucher et hacher finement l'ail. Bien mélanger la moutarde avec le reste du jus de citron, le sel, le poivre et l'huile. Répartir l'ail et la marinade sur les fruits de mer, bien mélanger et laisser mariner la salade pendant au moins 6 heures.

5 Nettoyer, laver et couper le céleri en rondelles. Laver le persil, secouer pour le sécher et ciseler finement. Incorporer à la salade et servir.

Escargots farcis aux tomates et piment

Pour 4 personnes

24 escargots de Bourgogne avec les coquilles (en bocal)

2 gousses d'ail

1 oignon

4 tomates

1 piment rouge

4 c.s. d'huile d'olive

½ botte de menthe

½ c.c. de sel

Poivre

Jus d'un citron

125 g de chapelure

Préparation : 30 minutes
(Temps de cuisson en sus)
Par portion : 380 kcal/1 596 kj
P : 43 g, L : 8 g, G : 33 g

1 Retirer les escargots des coquilles et les égoutter dans une passoire. Éplucher et hacher finement l'ail et l'oignon. Ébouillanter et peler les tomates, ôter les pédoncules, les épépiner et concasser. Nettoyer, laver, épépiner et hacher finement le piment.

2 Préchauffer le gril du four à 220 °C. Faire chauffer l'huile dans une poêle et y faire revenir l'oignon et l'ail. Ajouter la concassée de tomates et le piment et faire revenir le tout environ 3 minutes.

3 Laver la menthe, secouer pour la sécher et l'effeuiller. Hacher finement les feuilles et les incorporer au mélange dans la poêle. Saler, poivrer et assaisonner la sauce de jus de citron.

4 Répartir la sauce tomate sur les escargots et saupoudrer de chapelure. Mettre les escargots avec la sauce dans les coquilles. Faire cuire environ 15 à 20 minutes sous le gril très chaud jusqu'à ce que la chapelure soit dorée.

Salade Capri à la mozzarella de bufflonne

Pour 4 personnes

4 grosses tomates

300 g de mozzarella de bufflonne

1 botte de basilic

Sel

Poivre

6 c.s. d'huile d'olive

Préparation : 20 minutes
Par portion : 370 kcal/1 554 kj
P : 15 g, L : 33 g, G : 3 g

1 Laver les tomates, retirer les pédoncules et couper les tomates en rondelles.

2 Égoutter la mozzarella et la détailler, elle aussi, en rondelles. Laver le basilic, secouer pour le sécher et l'effeuiller. Sur un plat, disposer alternativement les tomates et la mozzarella et déposer une feuille de basilic sur chaque rondelle de mozzarella.

3 Assaisonner la salade avec du sel et du poivre du moulin. Asperger d'huile d'olive.

Velouté de courgettes
à la ligurienne

Pour 4 personnes

500 g de courgettes
1 oignon
1 gousse d'ail
2 c.s. d'huile d'olive
600 ml de bouillon de légumes
Sel
Poivre
¼ c.c. de poivre de Cayenne
50 ml de vin blanc sec
150 g de crème liquide
2 c.s. de feuilles de basilic

Préparation : 25 minutes
(Temps de cuisson en sus)
Par portion : 310 kcal/1302 kj
P : 8 g, L : 22 g, G : 19 g

1 Nettoyer, laver et détailler les courgettes en gros morceaux. Éplucher et hacher finement l'oignon et l'ail. Faire chauffer l'huile dans un faitout et y faire blondir l'oignon. Ajouter l'ail et les courgettes et faire revenir le tout environ 3 minutes en remuant.

2 Recouvrir de bouillon et assaisonner de sel, de poivre et de poivre de Cayenne. Faire mijoter à couvert pendant environ 25 minutes, puis verser le vin et la crème liquide, donner un tour de bouillon et réduire la soupe en purée.

3 Laver, sécher et couper les feuilles de basilic en fines lanières. Répartir le velouté de courgettes dans les assiettes et parsemer de basilic.

Minestrone
à la milanaise

Pour 4 personnes

50 g de gros haricots blancs frais (écossés)

150 g de petits pois frais (écossés)

200 g de carottes

200 g de courgettes

1 oignon

200 g de pommes de terre

1 poireau

1 branche de céleri en branches

200 g de chou de Milan

50 g de lard de poitrine

3 noisettes de beurre

200 g de tomates pelées (en conserve)

Sel

200 g de riz

1 gousse d'ail

1 c.s. de persil ciselé

1 c.s. d'origan haché

Parmesan fraîchement coupé en copeaux, au goût

Préparation : 50 minutes
(Temps de cuisson en sus)
Par portion : 725 kcal/3045 kj
P : 16 g, L : 46 g, G : 62 g

1 Nettoyer, laver et couper les légumes en petits morceaux. Éplucher l'oignon et les pommes de terre et détailler en dés. Couper le poireau en rondelles. Séparer les feuilles de chou et les couper en morceaux. Trancher le lard puis le couper en petits dés.

2 Faire chauffer le beurre dans un grand faitout et y faire rissoler les lardons. Ajouter l'oignon et le poireau et faire revenir quelques minutes. Incorporer le reste des légumes, les haricots, les petits pois et les tomates en conserve avec le jus. Saler et poivrer le tout et faire mijoter pendant environ 5 minutes en tournant.

3 Recouvrir la préparation de 2 l d'eau, porter à ébullition et laisser mijoter à couvert pendant environ 45 minutes. Donner un tour de bouillon à la soupe et incorporer le riz. Porter de nouveau la soupe à ébullition puis laisser mijoter encore 15 minutes jusqu'à ce que le riz soit cuit. Éplucher et hacher finement l'ail. L'ajouter à la soupe. Répartir le minestrone dans les assiettes et parsemer d'herbes et de copeaux de parmesan.

Soupe à l'oignon aux croûtons dorés

Pour 4 personnes

500 g de ciboules
1 piment rouge
2 gousses d'ail
Sel
3 noisettes de beurre clarifié
250 ml de vin blanc
750 ml de bouillon de légumes
Poivre
1 pincée de sucre
2 c.s. de marjolaine fraîchement hachée
3 tranches de pain blanc
3 c.s. d'huile d'olive
4 c.s. de pecorino fraîchement râpé

Préparation : 45 minutes
(Temps de cuisson en sus)
Par portion : 488 kcal/2048 kj
P : 9 g, L : 37 g, G : 19 g

1 Nettoyer, laver et couper les ciboules en rondelles. Nettoyer, laver, épépiner et hacher finement le piment. Éplucher et écraser l'ail avec un peu de sel.

2 Faire chauffer le beurre clarifié dans une grande casserole et y faire blondir les oignons. Ajouter le piment et l'ail et faire cuire le tout pendant 5 minutes en remuant. Verser le vin blanc et le bouillon et ajuster l'assaisonnement en sel, poivre et sucre.

3 Incorporer la marjolaine à la soupe à l'oignon et faire mijoter celle-ci à couvert pendant 15 à 20 minutes.

4 Couper le pain blanc en dés et les faire griller dans de l'huile d'olive très chaude.

5 Répartir la soupe à l'oignon dans 4 assiettes et servir avec les croûtons dorés et le pecorino râpé.

Soupe de moules au vin blanc

Pour 4 personnes

1,5 kg de moules
2 oignons
1 bouquet garni
250 ml de vin blanc sec
1 l de bouillon de poule
2 feuilles de laurier
4 grains de genièvre
5 grains de poivre
Sel
Poivre
Sucre
30 g de beurre
3 c.s. de farine
Sauce Worcestershire
Jus d'un citron
2 jaunes d'œuf
200 g de crème liquide
½ botte de persil plat

Préparation : 40 minutes
(Temps de cuisson en sus)
Par portion : 1 195 kcal/5 019 kj
P : 97 g, L : 36 g, G : 106 g

1 Nettoyer les moules. Éliminer les moules ouvertes. Éplucher et couper les oignons en huit. Nettoyer, laver et détailler le bouquet garni.

2 Dans un grand faitout, faire chauffer le vin blanc et le bouillon. Ajouter les oignons, le bouquet garni, le laurier, le genièvre et les grains de poivre et laisser frémir le tout environ 15 minutes. Assaisonner le bouillon de sel, poivre et sucre. Plonger les moules dans le bouillon et laisser frémir 10 minutes, brasser pour que toutes les moules s'ouvrent. Égoutter les moules, recueillir le bouillon de cuisson et le passer au chinois.

3 Détacher les moules des coquilles. Éliminer celles qui sont restées fermées.

4 Faire fondre le beurre dans une casserole, ajouter la farine et faire un roux en tournant. Verser 750 ml de bouillon de cuisson, porter à ébullition et tourner pour éliminer les grumeaux jusqu'à ce que la soupe épaississe. Rectifier l'assaisonnement avec de la sauce Worcestershire, du sel, du poivre et du jus de citron. Incorporer les moules à la soupe.

5 Fouetter les jaunes d'œuf avec la crème liquide et faire une liaison avec la soupe. Laver le persil, secouer pour le sécher et ciseler. En parsemer la soupe avant de servir.

Soupe de tomates à la crème et au basilic

Pour 4 personnes
800 g de tomates bien mûres
2 oignons
2 noisettes de beurre
250 ml de bouillon de légumes
1 pincée de sucre
Sel
2 c.s. de grappa
4 c.s. de crème liquide
1 poignée de feuilles de basilic

Préparation : 30 minutes (Temps de cuisson en sus)
Par portion : 252 kcal/1060 kj
P : 4 g, L : 20 g, G : 11 g

1 Inciser les tomates en croix, les ébouillanter, les peler et les épépiner. Ôter les pédoncules. Couper les tomates en petits morceaux. Éplucher et hacher les oignons.

2 Faire fondre le beurre dans une sauteuse et y faire blondir les oignons. Ajouter les tomates et faire cuire en tournant régulièrement pendant environ 30 minutes à feu doux, jusqu'à l'obtention d'une réduction épaisse.

3 Recouvrir de bouillon et réduire en purée au mixeur. Porter la soupe à ébullition, assaisonner de sucre, sel et grappa.

4 Monter la crème en crème fouettée, laver les feuilles de basilic, secouer pour les sécher et les couper en fines lanières. Répartir la soupe de tomates dans les assiettes et les garnir respectivement d'une cuillerée de crème fouettée et de lanières de basilic.

Soupe de haricots à la florentine

Pour 4 personnes

300 g de haricots blancs
1 l de bouillon de poule
2 oignons
2 gousses d'ail
1 carotte
1 branche de céleri en branches
1 poireau
1 brin de romarin
1 petit piment rouge
100 ml d'huile d'olive
Sel
Poivre
4 tranches de pain blanc
40 g de parmesan fraîchement râpé

Préparation : 30 minutes
(Temps de trempage et de cuisson en sus)
Par portion : 407 kcal/1711 kj
P : 25 g, L : 12 g, G : 24 g

1 Faire tremper une nuit les haricots dans un grand volume d'eau. Le lendemain, évacuer l'eau de trempage et remplir la casserole de bouillon de poule et de 500 ml d'eau. Éplucher et hacher un oignon et une gousse d'ail. Nettoyer, laver et couper les légumes en dés.

2 Effeuiller les tiges de romarin. Nettoyer, laver, épépiner et hacher finement le piment.

3 Faire chauffer 2 c.s. d'huile d'olive dans un faitout. Y mettre l'oignon, l'ail haché et les légumes et commencer la cuisson. Puis incorporer le romarin et le piment haché et faire cuire en remuant. Verser les haricots avec leur bouillon et faire cuire la soupe à couvert pendant environ 1 heure à feu doux jusqu'à ce que les haricots soient tendres.

4 Éplucher la deuxième gousse d'ail et la presser avec le presse-ail.

5 Mélanger avec le reste de l'huile. Éplucher le deuxième oignon et l'émincer finement. Préchauffer le four à 200 °C (chaleur tournante 180 °C).

6 Prélever la moitié de la soupe de haricots du faitout, la réduire en purée et la remettre dans le faitout. Ajouter la moitié de l'huile à l'ail.

7 Mettre la soupe dans un plat allant au four. Parsemer les tranches de pain de parmesan, les asperger avec le reste de l'huile à l'ail, les garnir de rondelles d'oignon et parsemer avec le reste du parmesan. Faire gratiner la soupe au four pendant 20 minutes.

Soupe d'épinards à l'œuf

Pour 4 personnes

1 oignon
1 gousse d'ail
4 noisettes de beurre
500 g d'épinards frais
1 l de bouillon de légumes
Poivre
Sel
Noix muscade râpée
2 c.s. de parmesan râpé
2 c.s. de vinaigre
4 œufs

Préparation : 20 minutes
(Temps de cuisson en sus)
Par portion : 372 kcal/1 564 kj
P : 21 g, L : 28 g, G : 7 g

1 Éplucher l'oignon et l'ail. Hacher l'oignon finement.

2 Faire chauffer 2 noisettes de beurre dans une poêle et y faire blondir l'oignon 2 minutes.

3 Trier, nettoyer et laver les épinards. Les mettre avec 100 ml d'eau dans un faitout et les blanchir à feu doux. Puis ajouter l'oignon et le bouillon et porter à ébullition à couvert.

4 Incorporer l'ail écrasé au presse-ail et assaisonner la soupe de poivre, sel et muscade. Mélanger le reste du beurre et le parmesan avec la soupe.

5 Porter à ébullition 750 ml d'eau avec le vinaigre et un peu de sel. Battre individuellement chaque œuf et les verser avec précaution un par un dans l'eau bouillante. Pocher les œufs 3 à 4 minutes.

6 Répartir la soupe d'épinards dans 4 assiettes et garnir chacune d'elle d'un œuf poché avant de servir.

Légumes & Salades

Tomates farcies épicées

Pour 4 personnes

4 tomates de calibre moyen

2 gousses d'ail

1 botte de persil plat

50 g de chapelure

8 c.s. d'huile d'olive

Sel

Poivre

5 c.s. de parmesan fraîchement râpé

Préparation : 25 minutes
(Temps de cuisson en sus)
Par portion : 397 kcal/1669 kj
P : 23 g, L : 28 g, G : 13 g

1 Préchauffer le four à 200 °C (chaleur tournante 180 °C). Laver les tomates, ôter les pédoncules, les couper en deux et les évider à la cuillère. Laisser égoutter les oreillons de tomate dans une passoire.

2 Éplucher et hacher l'ail très finement. Laver le persil, secouer pour le sécher et ciseler finement.

3 Mélanger la chapelure avec 6 c.s. d'huile, l'ail et le persil. Saler et poivrer légèrement.

4 Farcir les oreillons de tomate avec ce mélange et saupoudrer de fromage. Graisser la tôle du four avec le reste de l'huile. Y déposer les oreillons de tomate et les faire cuire au four pendant 30 minutes. Servir pour accompagner un plat de viande ou de poisson.

Artichauts à l'étuvée
avec de la menthe fraîche

Pour 4 personnes

8 jeunes artichauts (env. 600 g)

Sel

Poivre

2 gousses d'ail

4 c.s. d'huile d'olive

125 ml de vin blanc sec

1 c.s. de jus de citron

Menthe fraîche

Préparation : 20 minutes
(Temps de cuisson en sus)
Par portion : 83 kcal/352 kj
P : 4 g, L : 3 g, G : 6 g

1 Laver les artichauts, raccourcir les queues et retirer les feuilles du bas. Couper la pointe dure des autres feuilles avec des ciseaux. Saler et poivrer les artichauts.

2 Éplucher et hacher l'ail finement. Faire chauffer l'huile dans une grande poêle et y faire blondir l'ail pendant 2 minutes en tournant. Mettre les artichauts dans la poêle et les faire cuire à feu doux encore 2 minutes pour les faire dorer.

3 Verser le vin, couvrir la poêle et faire cuire les artichauts pendant environ 30 minutes jusqu'à ce qu'ils soient tendres et qu'ils aient pris une jolie couleur. Rajouter éventuellement un peu de vin.

4 Retirer les artichauts de la poêle et les asperger de jus de citron. Les servir immédiatement, garnis de feuilles de menthe fraîche.

Fenouil rôti
à la piémontaise

Pour 4 personnes

600 g de jeune fenouil avec les feuilles

Sel

Poivre

2 œufs

165 g de chapelure

55 g de beurre

3 c.s. de parmesan fraîchement râpé

Préparation : 20 minutes
(Temps de cuisson en sus)
Par portion : 360 kcal/1470 kj
P : 13 g, L : 18 g, G : 35 g

1 Nettoyer et laver le fenouil, retirer les extrémités et tailler les bulbes en 4. Ôter les trognons, couper les feuilles et les conserver.

2 Dans un faitout, porter de l'eau salée à ébullition et y faire cuire les fenouils pendant environ 8 minutes. Une fois cuits, les sortir, les passer sous l'eau froide et les égoutter.

3 Saler, poivrer et battre les œufs. Étaler la chapelure sur une assiette. Faire chauffer le beurre dans une poêle.

4 Paner les morceaux de fenouil en les tournant d'abord dans l'œuf battu puis dans la chapelure et les faire rôtir ensuite dans le beurre très chaud jusqu'à ce que la chapelure soit dorée. Retirer de la poêle, égoutter et saupoudrer de parmesan.

5 Hacher les feuilles de fenouil pour garnir les bulbes rôtis et servir pour accompagner un plat de viande ou de poisson.

Courgettes gratinées avec de la menthe

Pour 4 personnes

4 courgettes
2 échalotes
2 gousses d'ail
2 c.s. de farine
4 c.s. d'huile d'olive
1 poignée de menthe fraîche
1 botte de persil plat
400 g de tomates (en conserve)
Jus d'un citron
Sel
Poivre
2 c.s. de chapelure
2 c.s. de pecorino fraîchement râpé

Préparation : 30 minutes
(Temps de cuisson en sus)
Par portion : 293 kcal/1229 kj
P : 9 g, L : 16 g, G : 28 g

1 Préchauffer le four à 200 °C. Nettoyer, laver et couper les courgettes en rondelles.

2 Éplucher et hacher finement les échalotes et l'ail.

3 Mettre la farine dans un bol et y retourner les rondelles de courgette. Faire chauffer 2 c.s. d'huile dans une poêle et y faire dorer les rondelles de courgettes. Les retirer de la poêle et réserver.

4 Laver les herbes, secouer pour les sécher et hacher finement. Mettre le reste de l'huile dans la poêle et y faire revenir les échalotes, l'ail, les tomates avec leur jus et les herbes (la moitié du persil seulement). Après 3 minutes, saler et poivrer généreusement et retirer la poêle du feu.

5 Graisser un plat à gratin. Y déposer la moitié des rondelles de courgettes, les asperger d'un peu de jus de citron. Verser dessus la préparation de la poêle puis étaler le reste des rondelles de courgettes. Asperger avec le reste du jus de citron.

6 Mélanger la chapelure et le fromage et parsemer sur les légumes. Faire gratiner au four pendant environ 20 minutes. Garnir avec le reste du persil avant de servir.

Ragoût de lentilles aux marrons

Pour 4 personnes

10 marrons

2 gousses d'ail

6 c.s. d'huile d'olive

250 g de lentilles jaunes

2 c.s. de thym fraîchement haché

1 feuille de laurier

100 g de tomates (en conserve)

1 pincée de piment en poudre

1 c.c. de bouillon granulé

Sel

Poivre

½ botte de persil

Préparation : 40 minutes
(Temps de cuisson et temps pour mijoter en sus)
Par portion : 333 kcal/1397 kj
P : 16 g, L : 7 g, G : 50 g

1 Préchauffer le four à 180 °C (chaleur tournante 160 °C). Inciser les marrons en croix et les faire cuire au four sur une tôle pendant environ 30 minutes jusqu'à ce que la coque éclate. Les laisser refroidir légèrement, les éplucher, les hacher grossièrement ou les couper en quatre.

2 Éplucher et hacher finement l'ail. Dans une casserole, faire chauffer 2 c.s. d'huile et y faire revenir l'ail. Ajouter les lentilles et bien mélanger. Ajouter le thym et le laurier aux lentilles et recouvrir d'eau. Faire cuire les lentilles dans l'eau frémissante à feu doux pendant environ 30 minutes.

3 Faire griller les châtaignes hachées dans une poêle à sec, jusqu'à ce qu'elles dégagent leur arôme.

4 Réunir les châtaignes, les tomates, le piment en poudre et les lentilles. Incorporer le bouillon granulé et laisser frémir le tout pendant 20 minutes jusqu'à ce que le liquide soit presque évaporé. Saler et poivrer au goût. Asperger avec le reste de l'huile d'olive.

5 Laver le persil, secouer pour le sécher et le déchiqueter grossièrement. En garnir les lentilles avant de servir. Accompagner de ciabatta.

Aubergines gratinées à la mozzarella

Pour 4 personnes

800 g d'aubergines de calibre moyen

Sel

300 g de mozzarella

½ botte d'origan

½ botte de basilic

500 g de tomates (en conserve)

100 g de farine

100 ml d'huile d'olive

50 g de parmesan fraîchement râpé

Préparation : 30 minutes
(Temps de cuisson en sus)
Par portion : 445 kcal/1 869 kj
P : 25 g, L : 26 g, G : 27 g

1 Nettoyer, laver, bien éponger les aubergines et les couper en tranches d'½ cm d'épaisseur dans le sens de la longueur. Déposer les tranches dans un saladier, saupoudrer de sel et faire dégorger pendant environ 15 minutes.

2 Préchauffer le four à 180 °C. Détailler la mozzarella en petits cubes. Laver les herbes, secouer pour les sécher, détacher les feuilles des tiges et les hacher. Verser les tomates dans un saladier et mixer pour les réduire en purée. Ajouter les herbes à la purée de tomates.

3 Retirer les aubergines de leur saladier, les rincer et les éponger. Tourner les tranches d'aubergine dans la farine. Faire chauffer l'huile d'olive dans une poêle et y faire dorer les aubergines des deux côtés. Égoutter sur du papier absorbant.

4 Graisser un plat à gratin et déposer alternativement des tranches d'aubergines, de la purée de tomates et de la mozzarella. Terminer avec de la purée de tomates et parsemer de parmesan. Faire gratiner au four 10 minutes.

Peperonata

Poivronade relevée

Pour 4 personnes

4 gros poivrons (vert, jaune et rouge)

1 oignon

1 gousse d'ail

6 c.s. d'huile d'olive

Sel

Poivre

400 g de tomates

½ botte de persil plat

2 c.s. de marjolaine fraîchement hachée

Préparation : 30 minutes
(Temps de cuisson en sus)
Par portion : 221 kcal/929 kj
P : 3 g, L : 19 g, G : 9 g

1 Laver, couper en deux, épépiner et tailler les poivrons en lamelles. Éplucher et hacher l'oignon et l'ail.

2 Faire chauffer l'huile dans une grande poêle, y faire revenir l'oignon et l'ail environ 3 minutes, ajouter les lamelles de poivron puis saler et poivrer les légumes. Faire cuire le tout encore 5 minutes en remuant régulièrement.

3 Ébouillanter les tomates pendant quelques secondes, les peler, ôter les pédoncules, les épépiner et concasser. Laver le persil, secouer pour le sécher et ciseler. L'incorporer aux tomates.

4 Réunir les tomates et les lamelles de poivron et faire mijoter la préparation à couvert pendant environ 20 minutes. Parsemer de marjolaine avant de servir. Ce plat se mange chaud ou froid.

Gnocchis à la sauce au gorgonzola

Pour 4 personnes
1 kg de pommes de terre
250 g de farine
Sel
200 g de gorgonzola
1 gousse d'ail
1 oignon
8 feuilles de sauge
1 c.s. d'huile d'olive
300 ml de crème liquide
100 ml de vin blanc sec
Poivre

Préparation : 30 minutes
(Temps de cuisson en sus)
Par portion : 825 kcal/3465 kj
P : 23 g, L : 42 g, G : 86 g

1 Laver soigneusement les pommes de terre et les faire cuire en robe des champs environ 25 minutes. Évacuer l'eau de cuisson, égoutter, peler et écraser au pilon presse-purée. Laisser refroidir légèrement, mélanger la farine et saler la pâte. Bien malaxer le tout. Former des boulettes de pâte de la taille d'une noix et les aplatir à la fourchette. Laisser reposer les gnocchis sur une surface farinée pendant environ 15 minutes.

2 Enlever la croûte du gorgonzola et le détailler en petits dés. Éplucher et hacher finement l'ail et l'oignon. Laver, sécher et tailler les feuilles de sauge en fines lanières.

3 Faire chauffer l'huile dans une sauteuse et y faire dorer l'oignon et l'ail. Verser la crème liquide et le vin et laisser réduire légèrement. Ajouter la sauge, incorporer le gorgonzola et faire fondre en remuant. Saler et poivrer la sauce.

4 Faire cuire les gnocchis dans une eau bouillante salée pendant environ 5 minutes jusqu'à ce qu'ils remontent à la surface. Les retirer avec une passoire, égoutter et servir avec la sauce.

Pommes de terre aux cèpes

Pour 4 personnes

375 g de pommes de terre
250 g de cèpes frais
4 c.s. d'huile d'olive
3 gousses d'ail
2 oignons
1 botte de persil plat
Sel
1 c.s. d'origan

Préparation : 30 minutes
(Temps de cuisson en sus)
Par portion : 209 kcal/878 kj
P : 5 g, L : 13 g, G : 18 g

1 Préchauffer le four à 180 °C (chaleur tournante 160 °C). Laver, éplucher et couper les pommes de terre en rondelles de 3 mm d'épaisseur. Nettoyer soigneusement les champignons et les couper également en rondelles.

2 Huiler la plaque du four avec 1 c.s. d'huile. Y déposer d'abord une couche de pommes de terre puis recouvrir de rondelles de champignons.

3 Éplucher et hacher finement l'ail et les oignons. Laver le persil, secouer pour le sécher et ciseler. Répartir la moitié de l'ail, des oignons, du sel, de l'origan et du persil sur les champignons et recouvrir le tout d'une couche de pommes de terre. Procéder ainsi jusqu'à épuisement de tous les ingrédients.

4 Asperger les pommes de terre avec le reste de l'huile et verser environ 150 ml d'eau sur le côté de la plaque. Faire cuire le tout environ 50 minutes au four jusqu'à ce que les pommes de terre soient bien dorées. Remettre de l'eau si nécessaire en cours de cuisson.

Boulettes d'épinards à la ricotta

Pour 4 personnes

700 g d'épinards en branches

150 g de ricotta ou d'un autre fromage frais

3 jaunes d'œuf

60 g de farine

Sel

Poivre

Noix muscade râpée

3 noisettes de beurre

60 g de parmesan

Préparation : 30 minutes
(Temps de cuisson en sus)
Par portion : 535 kcal/2 247 kj
P : 18 g, L : 45 g, G : 13 g

1 Trier les épinards, les laver soigneusement et égoutter. Les blanchir dans un faitout avec 100 ml d'eau à feu doux en tournant. Les sortir du faitout, presser dans une passoire et égoutter. Hacher finement les épinards.

2 Dans un saladier, mélanger la ricotta avec les jaunes d'œuf et 6 c.s. de farine pour obtenir une consistance lisse.

3 Incorporer les épinards à la préparation et mélanger le tout de façon très homogène. Assaisonner de sel, poivre et noix muscade.

4 Porter à ébullition une grande marmite d'eau salée. Former avec une cuillère de petites boulettes de pâte d'épinards et les plonger dans l'eau. Faire cuire les boulettes à feu doux pendant environ 10 minutes jusqu'à ce qu'elles remontent à la surface.

5 Retirer les boulettes de l'eau, égoutter et les déposer dans un plat à gratin. Parsemer de flocons de beurre et râper le parmesan dessus. Faire gratiner les boulettes d'épinards pendant environ 3 minutes sous le gril très chaud. Accompagner d'une salade de tomates.

Salade de pommes de terre à la sicilienne

Pour 4 personnes
750 g de pommes de terre
100 g de câpres marinées
150 g de tomates cerises
10 olives noires
4 anchois marinés
1 oignon rouge
2 c.s. de vinaigre de vin
3 c.s. d'huile d'olive
Sel
Poivre
Marjolaine fraîche

Préparation : 20 minutes
(Temps de cuisson et de macération en sus)
Par portion : 625 kcal/2625 kj
P : 8 g, L : 45 g, G : 46 g

1 Laver soigneusement les pommes de terre et les faire cuire en robe des champs dans de l'eau bouillante pendant environ 25 minutes. Évacuer l'eau de cuisson, égoutter et laisser refroidir. Peler les pommes de terre et les couper en dés.

2 Mettre les pommes de terre avec les câpres égouttées dans un saladier. Laver et couper en deux les tomates cerises, dénoyauter les olives, égoutter les filets d'anchois et les hacher. Éplucher et émincer l'oignon.

3 Réunir tous les ingrédients avec les pommes de terre et les câpres et mélanger de façon homogène. Mélanger le vinaigre et l'huile avec du sel et du poivre et verser sur la salade. Laisser macérer pendant 30 minutes. Garnir de marjolaine avant de servir.

Salade de haricots au thon

Pour 4 personnes

1 boîte de haricots blancs (400 g)

1 boîte de thon au naturel (200 g)

½ botte de ciboules

½ botte de persil plat

2 c.s. de vinaigre balsamique

8 c.s. d'huile d'olive

Sel

Poivre

Préparation : 20 minutes
(Temps de macération en sus)
Par portion : 662 kcal/2782 kj
P : 31 g, L : 41 g, G : 42 g

1 Égoutter les haricots dans une passoire. Égoutter également le thon. Nettoyer, laver et couper les ciboules en fines rondelles. Laver le persil, secouer pour le sécher et ciseler finement.

2 Mélanger les ingrédients dans un saladier. Émietter le thon à la fourchette.

3 Confectionner une vinaigrette avec le vinaigre balsamique, l'huile, le sel et le poivre et la verser sur la salade de haricots.

4 Laisser ensuite macérer la salade pendant 30 minutes.

Salade de fenouil aux oranges

Pour 4 personnes

2 bulbes de fenouil

2 oranges non traitées

1 ½ c.s. de vinaigre de vin blanc

6 c.s d'huile d'olive

Sel

Poivre

1 c.s. de noix hachées

Préparation : 30 minutes
Par portion : 302 kcal/1 270 kj
P : 5 g, L : 26 g, G : 12 g

1 Nettoyer et laver le fenouil et ôter les extrémités. Couper les feuilles et les hacher finement. Détailler les bulbes de fenouil en fines lamelles.

2 Laver les oranges à l'eau chaude, les peler et retirer les membranes au couteau. Fileter les oranges, ôter les pépins et recueillir le jus. Tailler le zeste d'une orange en fines lanières et blanchir dans un peu d'eau bouillante pendant environ 4 minutes puis égoutter.

3 Disposer les filets d'orange, les lanières de fenouil et le zeste d'orange sur une assiette. Confectionner une sauce de salade avec le jus d'orange, le vinaigre, l'huile d'olive, le sel et le poivre et en arroser la salade. Garnir enfin avec les noix hachées et décorer avec les feuilles de fenouil avant de servir.

Salade de tomates
avec de la rucola

Pour 4 personnes

500 g de tomates bien mûres
2 bottes de rucola
1 oignon
3 c.s. de vinaigre balsamique
6 c.s. d'huile d'olive
Sel
Poivre
50 g de parmesan

Préparation : 20 minutes
Par portion : 178 kcal/750 kj
P : 7 g, L : 15 g, G : 5 g

1 Laver les tomates, ôter les pédoncules et couper les tomates en rondelles. Nettoyer et laver la rucola, enlever les grosses tiges. Tailler les feuilles en lanières.

2 Éplucher et hacher finement l'oignon. Disposer les tomates, la rucola et l'oignon sur les assiettes.

3 Confectionner une vinaigrette avec le vinaigre balsamique, l'huile d'olive, le sel et le poivre et en arroser la salade. Garnir de copeaux de parmesan au goût.

Pâtes, Risotto & Cie

Spaghettis à la bolognaise

Pour 4 personnes

1 oignon

1 gousse d'ail

1 carotte

50 g de lard de poitrine

100 g de foies de volaille

2 c.s. d'huile d'olive

250 g de viande hachée (bœuf et porc)

125 ml de vin blanc sec

125 ml de fond de viande

400 g de tomates (en conserve)

Sel

Poivre

¼ c.c. d'origan séché

¼ c.c. de thym séché

400 g de spaghettis

50 g de parmesan fraîchement râpé

Préparation : 20 minutes
(Temps de cuisson en sus)
Par portion : 847 kcal/3560 kj
P : 15 g, L : 38 g, G : 79 g

1 Éplucher et hacher finement l'oignon et également l'ail. Éplucher la carotte et la détailler en dés, comme le lard. Couper les foies en petits morceaux.

2 Faire chauffer l'huile d'olive dans une poêle et y faire rissoler l'oignon, ainsi que l'ail et le lard. Ajouter la viande hachée et les foies de volaille et faire cuire vivement pendant 5 à 6 minutes.

3 Verser le vin et le fond dans la poêle et faire réduire un peu. Égoutter les tomates dans une passoire.

4 Ajouter les tomates à la viande et bien mélanger. Saler, poivrer, assaisonner avec les herbes séchées et laisser frémir le tout à feu doux pendant environ 45 minutes.

5 Entre-temps faire cuire les spaghettis al dente dans un volume suffisant d'eau bouillante salée. Disposer les spaghettis avec la sauce à la viande sur des assiettes et parsemer de parmesan avant de servir.

Tagliatelle avec une sauce au safran

Pour 4 personnes

2 échalotes

1 gousse d'ail

2 c.s. d'huile d'olive

1 pointe de couteau de filaments de safran

200 ml de vin blanc sec

Sel

Poivre

400 g de tagliatelles

250 g de mascarpone

1 c.s. de persil plat fraîchement ciselé

2 c.s. de basilic fraîchement ciselé

50 g de parmesan fraîchement râpé

Préparation : 20 minutes
(Temps de cuisson en sus)
Par portion : 615 kcal/2583 kj
P : 34 g, L : 38 g, G : 25 g

1 Éplucher et hacher finement l'échalote et l'ail. Faire chauffer l'huile d'olive dans une poêle et y faire revenir les échalotes avec l'ail pendant 3 minutes. Incorporer le safran et verser le vin. Saler et poivrer. Porter la sauce à ébullition puis la laisser mijoter jusqu'à ce qu'elle ait réduit de moitié.

2 Faire cuire les tagliatelles al dente dans un volume suffisant d'eau bouillante salée suivant les instructions sur le paquet.

3 Incorporer le mascarpone à la sauce, donner un tour de bouillon et laisser mijoter encore 7 minutes.

4 Déposer les tagliatelles dans les assiettes, napper de sauce et décorer avec les herbes. Servir avec du parmesan.

Tortellinis aux cèpes

Pour 4 personnes

400 g de farine
4 œufs
Sel
2 c.s. d'huile d'olive
½ petit pain rassis
1 oignon
1 gousse d'ail
225 g de cèpes
Poivre
1 œuf
75 g de parmesan fraîchement râpé
2 c.s. de persil fraîchement ciselé
100 g de beurre

Préparation : 30 minutes
(Temps de repos et de cuisson en sus)
Par portion : 810 kcal/3402 kj
P : 29 g, L : 43 g, G : 77 g

1 Tamiser la farine dans un saladier. Ajouter les œufs et ½ c.c. de sel et mélanger le tout. Ajouter 1 c.s. d'huile et pétrir la pâte avec les mains pendant au moins 5 minutes jusqu'à l'obtention d'une pâte lisse et brillante. Envelopper la pâte dans un film alimentaire et la laisser reposer 30 minutes.

2 Entre-temps faire tremper le petit pain dans de l'eau chaude, éplucher et hacher finement l'oignon et l'ail. Nettoyer les champignons en les frottant avec un torchon humide et les hacher finement. Faire chauffer 1 c.s. d'huile dans une poêle et y faire revenir l'oignon, l'ail et les champignons pendant environ 5 minutes. Saler et poivrer.

3 Retirer la préparation de la poêle et laisser refroidir légèrement. Bien presser le petit pain et l'incorporer avec l'œuf à la préparation aux champignons. Si la préparation est trop liquide, ajouter 2 à 3 c.s. de parmesan. Mettre le persil et rectifier l'assaisonnement.

4 Pétrir de nouveau la pâte à tortellinis et étaler de fines bandes de pâte. Découper des cercles à l'emporte-pièce et déposer de la farce au centre de chaque disque. Rabattre un bord sur l'autre pour former un demi cercle et presser les bords pour les souder. Pour former les tortellinis, rapprocher les deux angles en pressant pour les souder.

5 Faire cuire les tortellinis dans un grand volume d'eau bouillante salée pendant environ 3 minutes. Les servir avec du beurre fondu et le reste du parmesan.

Pappardelle au ragoût de lièvre

Pour 4 personnes

400 g de lièvre préparé

50 g de pancetta (lard de poitrine)

1 oignon

1 branche de céleri en branches

1 carotte

1 tomate charnue

2 c.s. d'huile d'olive

Sel

Poivre

½ c.c. de thym séché

100 ml de vin blanc sec

125 ml de fond de viande

400 g de pappardelle (larges bandes de pâte)

Préparation : 30 minutes
(Temps de cuisson en sus)
Par portion : 615 kcal/2583 kj
P : 21 g, L : 23 g, G : 76 g

1 Couper le lièvre en morceaux, détailler le lard en petits dés. Éplucher et hacher l'oignon.

2 Nettoyer, laver et couper le céleri et la carotte en rondelles. Ébouillanter rapidement la tomate charnue, la peler, retirer le pédoncule et la concasser.

3 Faire chauffer l'huile dans une poêle et y faire revenir les lardons. Ajouter le lièvre et faire dorer les morceaux de tous les côtés. Incorporer le céleri, la carotte et la tomate et cuire avec la viande. Assaisonner de sel, poivre et thym. Verser le vin et le fond et faire mijoter le ragoût à couvert à feu doux pendant environ 1 heure et 20 minutes.

4 Faire cuire les pappardelle al dente dans un volume suffisant d'eau salée bouillante, évacuer l'eau de cuisson et égoutter. Réunir les pâtes et le ragoût avant de servir.

Raviolis aux épinards et beurre à la sauge

Pour 4 personnes

400 g de farine

4 œufs

1 c.c. de sel

1 c.s. d'huile d'olive

1 oignon

1 gousse d'ail

1 c.s. d'aiguilles de romarin frais

2 c.s. d'huile d'olive

300 g de bœuf haché

1 feuille de laurier

½ c.c. de marjolaine

½ c.c. d'origan

100 ml de vin blanc sec

500 g d'épinards

4 œufs

50 g de chapelure

2 c.s. de parmesan fraîchement râpé

Sel, poivre, noix muscade

100 g de beurre

2 c.s. de feuilles de sauge fraîche

Préparation : 40 minutes
(Temps de cuisson en sus)
Par portion : 868 kcal/3 644 kj
P : 45 g, L : 37 g, G : 85 g

1 Préparer une pâte à nouilles avec les ingrédients destinés à la pâte (voir page 83). Laisser reposer.

2 Éplucher et hacher l'oignon et l'ail, hacher également très finement les aiguilles de romarin. Faire chauffer l'huile dans une poêle et y faire revenir l'oignon, l'ail et le romarin puis ajouter la viande hachée et faire cuire pendant 5 minutes en remuant. Ajouter le reste des herbes et le vin et laisser frémir le mélange pendant 10 minutes.

3 Trier, laver et blanchir les épinards dans un faitout à feu doux. Les égoutter ensuite dans une passoire et bien presser. Hacher finement les épinards et les ajouter à la viande hachée. Réduire la préparation en purée et mélanger avec les œufs, la chapelure et le parmesan. Saler, poivrer et assaisonner de noix muscade.

4 Sur un plan de travail fariné, diviser la pâte en deux et étaler deux fines bandes de pâte identiques. Sur une des bandes, répartir la farce en petits tas espacés de 3 cm et couvrir avec l'autre bande. Presser les bords. Couper les bandes entre les tas de farce en larges lanières. Découper chaque ravioli avec une roulette à pâte.

5 Faire cuire les raviolis dans un grand volume d'eau bouillante salée pendant environ 4 minutes. Faire fondre le beurre dans une poêle. Tailler les feuilles de sauge lavées en fines lanières et les faire chauffer dans le beurre. Napper les raviolis avec le beurre à la sauge et garnir de parmesan avant de servir.

Lasagnes fourrées à la bolognaise

Pour 4 personnes

1 recette de sauce bolognaise (voir page 78)

90 g de beurre

3 c.s. de farine

400 ml de lait

Sel

Poivre

400 g de feuilles de lasagnes sans précuisson

100 g de parmesan fraîchement râpé

Préparation : 40 minutes
(Temps de cuisson en sus)
Par portion : 507 kcal/2131 kj
P : 19 g, L : 38 g, G : 21 g

1 Préparer la sauce bolognaise à la viande suivant les instructions de la page 78 et réserver.

2 Pour la sauce béchamel, faire fondre 4 noisettes de beurre dans une casserole et faire un roux blanc avec la farine en remuant. Verser le lait, retirer du feu et tourner jusqu'à l'obtention d'une sauce sans grumeaux. Remettre la casserole sur le feu et cuire la sauce à feu doux pendant environ 10 minutes. Saler et poivrer.

3 Préchauffer le four à 200 °C (chaleur tournante 180 °C). Graisser un plat à gratin avec 1 noisette de beurre et tapisser le fond de feuilles de lasagnes. Garnir ensuite en alternant une couche de sauce à la viande, de sauce béchamel et de parmesan. Recouvrir de feuilles de lasagnes et répéter l'opération jusqu'à épuisement des ingrédients. Terminer avec une couche de sauce béchamel et de parmesan.

4 Répartir le reste du beurre en flocons sur les lasagnes et mettre le plat à cuire au four pendant environ 35 minutes.

Cannellonis farcis avec de la mozzarella

Pour 4 personnes

150 g de farine
150 g de semoule de blé dur
1 c.c. de sel
1,5 kg de tomates
2 gousses d'ail
2 c.s. d'huile d'olive
Sel
Poivre
1 botte de basilic
50 g d'anchois marinés
2 c.s. de câpres marinées
300 g de mozzarella
100 g de parmesan fraîchement râpé

Préparation : 30 minutes
(Temps de cuisson en sus)
Par portion : 802 kcal/3370 kj
P : 38, L : 36 g, G : 79 g

1 Préparer une pâte à nouilles avec la farine, la semoule, le sel et 150 ml d'eau tiède (voir page 83) et laisser reposer la pâte.

2 Ébouillanter rapidement les tomates, les peler, retirer les pédoncules et les concasser. Éplucher et hacher l'ail. Faire chauffer l'huile dans une poêle et y faire revenir les tomates avec l'ail. Laisser mijoter à feu doux pendant environ 30 minutes jusqu'à l'obtention d'une sauce épaisse. Saler et poivrer. Prélever deux louches à sauce de cette sauce tomate et réserver.

3 Laver le basilic, secouer pour le sécher et ciseler. Égoutter et hacher les anchois et les câpres. Détailler la mozzarella en dés. Incorporer le tout à la sauce tomate et laisser refroidir.

4 Préchauffer le four à 200 °C (chaleur tournante 180 °C). Bien pétrir la pâte à nouilles et l'étaler en une fine couche sur un plan fariné. Découper des carrés de 10 x 10 cm et faire cuire ceux-ci dans une eau bouillante salée environ 30 secondes. Évacuer l'eau, les passer sous l'eau froide et égoutter.

5 Graisser un plat à gratin. Étaler les carrés de pâte, les badigeonner de farce, les rouler et les déposer dans le plat. Verser la sauce tomate mise de côté sur les cannellonis et parsemer de parmesan râpé. Faire gratiner les cannellonis au four pendant environ 30 minutes pour qu'ils soient bien dorés.

Fettuccine à la poitrine fumée

Pour 4 personnes

100 g de poitrine fumée fraîche

1 oignon

1 gousse d'ail

3 c.s. d'huile d'olive

150 ml de fond de viande

1 c.s. de persil fraîchement ciselé

Sel

Poivre

4 feuilles de basilic

400 g de fettucine

100 g de pecorino fraîchement coupé en copeaux

Préparation : 20 minutes
(Temps de cuisson en sus)
Par portion : 678 kcal/2846 kj
P : 48 g, L : 52 g, G : 6 g

1 Détailler la poitrine fumée en lardons. Éplucher et hacher finement l'oignon et l'ail. Faire chauffer l'huile dans une poêle et y faire rissoler les lardons. Ajouter l'oignon et l'ail et cuire 2 minutes.

2 Ajouter le fond de viande et le persil, saler et poivrer. Faire réduire de moitié la préparation à feu doux.

3 Laver les feuilles de basilic, secouer pour les sécher et ciseler finement. Les adjoindre à la sauce quand celle-ci sera réduite.

4 Faire cuire les fettucine al dente dans de l'eau bouillante salée, évacuer l'eau de cuisson et égoutter. Répartir sur les assiettes, napper de sauce et parsemer de fromage.

Rigatonis au pesto

Pour 4 personnes

3 c.s. de pignons
3 gousses d'ail
1 gros botte de basilic
100 ml d'huile d'olive
Sel
50 g de parmesan fraîchement râpé
400 g de rigatonis

Préparation : 20 minutes
(Temps de cuisson en sus)
Par portion : 475 kcal/1 995 kj
P : 12 g, G : 28 g, L : 45 g

1 Faire griller les pignons dans une poêle à sec. Puis les hacher finement. Éplucher l'ail et le hacher très finement. Laver le basilic, secouer pour le sécher et le hacher avec un hachoir à herbes.

2 Mélanger les pignons, l'ail, le basilic et le parmesan et verser l'huile d'olive en filet. Mélanger pour obtenir une sauce onctueuse et saler.

3 Faire cuire les pâtes al dente dans de l'eau bouillante salée, évacuer l'eau de cuisson puis égoutter.

4 Mettre les pâtes dans une poêle chaude et bien mélanger avec le pesto. Dresser les assiettes et servir.

Spaghettis à la carbonara

Pour 4 personnes

50 g de poitrine fumée
100 g de jambon blanc
1 gousse d'ail
2 noisettes de beurre
400 g de spaghettis
3 œufs
100 ml de crème liquide
40 g de parmesan
40 g de pecorino
Sel
Poivre

Préparation : 20 minutes
(Temps de cuisson en sus)
Par portion : 703 kcal/2951 kj
P : 31 g, L : 33 g, G : 70 g

1 Détailler la poitrine fumée et le jambon en petits dés. Éplucher et hacher l'ail finement. Après faire chauffer le beurre dans une poêle et y faire cuire la poitrine fumée à l'étouffée. Ajouter l'ail et cuire environ 3 minutes.

2 Entre-temps faire cuire les spaghettis al dente dans une eau bouillante salée, évacuer l'eau de cuisson et égoutter. Verser les pâtes dans la poêle avec la poitrine fumée et bien mélanger.

3 Battre les œufs avec la crème liquide et la moitié des deux sortes de fromage, saler et poivrer. Adjoindre le jambon blanc. Verser ce mélange sur les spaghettis et bien mélanger le tout, les œufs restant un peu baveux.

4 Saupoudrer le reste du fromage sur les spaghettis et servir immédiatement.

Spaghettis aux asperges vertes

Pour 4 personnes

1 botte de ciboules

2 c.s. d'huile d'olive

400 g de tomates en morceaux (en conserve)

Sel

Poivre

500 g d'asperges vertes

400 g de spaghettis

½ botte de basilic

1 noisette de beurre

4 c.s. de parmesan fraîchement râpé

Préparation : 30 minutes
(Temps de cuisson en sus)
Par portion : 423 kcal/1 775 kj
P : 14 g, L : 19 g, G : 49 g

1 Nettoyer, laver et couper les ciboules en rondelles. Faire chauffer l'huile d'olive dans une casserole et y faire fondre les ciboules jusqu'à ce qu'elles deviennent translucides. Après ajouter les tomates et laisser frémir à feu doux pendant environ 7 minutes jusqu'à ce que la sauce épaississe un peu. Saler et poivrer.

2 Laver les asperges, couper l'extrémité du bas et éplucher le tiers inférieur des asperges. Couper les asperges en tronçons d'environ 4 cm de long et les faire cuire dans une eau bouillante salée pendant environ 10 minutes. Les sortir de l'eau et égoutter.

3 Faire cuire les spaghettis al dente dans une eau bouillante salée. Laver le basilic, secouer pour le sécher et le couper en lanières.

4 Mettre le beurre dans la sauce, incorporer les asperges et le basilic et rectifier l'assaisonnement. Laisser frémir la sauce pendant encore 3 minutes. Déposer les spaghettis avec la sauce aux asperges dans les assiettes et parsemer de parmesan avant de servir.

Panzarottis fourrés au fromage

Pour 4 personnes

200 g de farine

Sel

35 g de beurre

3 œufs

100 g de provolone picante

50 g de jambon blanc

30 g de parmesan fraîchement râpé

1 c.s. de persil fraîchement ciselé

Poivre

Huile de germe de maïs pour la friture

Préparation : 20 minutes
(Temps de repos et temps pour la friture en sus)
Par portion : 498 kcal/2090 kj
P : 22 g, L : 29 g, G : 36 g

1 Tamiser la farine dans un saladier, faire un puits au milieu et saler. Mettre le beurre ramolli en flocons, séparer 2 blancs des jaunes et mettre 2 jaunes d'œuf. Mélanger le tout pour obtenir une pâte lisse. Si la pâte est trop ferme, ajouter un peu d'eau. Laisser reposer 20 minutes.

2 Détailler le provolone en dés et le jambon en lanières.

3 Mélanger ces deux ingrédients avec 1 œuf, le parmesan, le persil, du sel et du poivre.

4 Étaler la pâte sur 5 mm d'épaisseur et découper des cercles de 13 cm de diamètre. Déposer la farce au centre des disques et rabattre un bord sur l'autre pour former un demi-cercle. Badigeonner les bords des panzarottis avec un blanc d'œuf battu et bien appuyer pour souder.

5 Faire chauffer l'huile dans un faitout à haut bord ou dans une friteuse et frire les panzarottis de tous les côtés pour qu'ils soient bien dorés. Égoutter sur du papier absorbant puis servir.

Penne avec une sauce épicée

Pour 4 personnes

500 g de tomates
100 g de poitrine fumée
1 gousse d'ail
1 oignon
2 c.s. d'huile d'olive
2 piments séchés
Sel
Poivre
500 g de penne
½ botte de persil plat
50 g de pecorino fraîchement râpé

Préparation : 25 minutes
(Temps de cuisson en sus)
Par portion : 573 kcal/2405 kj
P : 24 g, L : 12 g, G : 90 g

1 Ébouillanter rapidement les tomates, les peler, retirer les pédoncules et les épépiner. Concasser la chair et réduire en purée. Tailler la poitrine fumée en lardons. Éplucher et hacher finement l'ail et l'oignon.

2 Faire chauffer l'huile d'olive dans une poêle et y faire revenir les lardons. Ajouter l'oignon et l'ail et faire cuire quelques minutes. Adjoindre la purée de tomates et saupoudrer de piment séché. Saler et poivrer. Laisser mijoter la préparation à feu doux pendant environ 10 minutes.

3 Faire cuire les penne al dente dans de l'eau bouillante salée. Évacuer l'eau de cuisson et égoutter.

4 Mélanger les penne et le persil avec la sauce et parsemer le tout de fromage.

Risotto à la milanaise

Pour 4 personnes

1 oignon

50 g de beurre

50 ml de vin blanc sec

400 g de riz rond
(par exemple riz arborio)

1 l de bouillon de légumes

½ c.c. de filaments de safran

50 g de parmesan
fraîchement râpé

Préparation : 15 minutes
(Temps de cuisson en sus)
Par portion : 548 kcal/2300 kj
P : 12 g, L : 19 g, G : 80 g

1 Éplucher et hacher finement l'oignon. Faire fondre 2 noisettes de beurre dans une grande cocotte et y faire revenir l'oignon. Verser le vin sur l'oignon et laisser évaporer presque totalement le liquide à feu doux.

2 Mettre le riz dans la cocotte et faire cuire environ 1 minute en remuant pour qu'il soit bien mouillé. Verser alors le bouillon peu à peu. Laisser réduire et verser du bouillon au fur et à mesure qu'il est absorbé par le riz.

3 Après 10 minutes de cuisson, le riz est à moitié cuit. Délayer les filaments de safran dans le reste du bouillon et verser tout sur le riz.

4 Laisser frémir encore 15 minutes pour que le riz soit bien crémeux mais encore al dente.

5 Incorporer le reste du beurre et le fromage et laisser le risotto s'en imprégner quelques minutes à couvert. Répartir le risotto dans les assiettes et servir avec du parmesan.

Risotto noir
aux calamars

Pour 4 personnes

750 g de calamars préparés avec les poches à encre

2 gousses d'ail

1 oignon

6 c.s. d'huile d'olive

Jus d'1 limette

150 ml de vin blanc sec

750 ml de fumet de poisson

350 g de riz rond

Sel

Poivre

Préparation : 30 minutes
(Temps de macération et de cuisson en sus)
Par portion : 538 kcal/2258 kj
P : 37 g, L : 9 g, G : 37 g

1 Laver et éponger les calamars et déposer les poches à encre avec précaution dans un saladier.

2 Détailler les calamars en lamelles. Éplucher et hacher finement l'ail et l'oignon.

3 Mélanger l'ail avec 3 c.s. d'huile d'olive et le jus d'une limette et en arroser les lamelles de calamar. Laisser macérer 30 minutes.

4 Puis faire chauffer le reste de l'huile dans une cocotte et y faire fondre les oignons jusqu'à ce qu'ils deviennent translucides. Mettre les lamelles de calamar égouttées dans la cocotte et commencer la cuisson. Verser le vin et la marinade. Ouvrir alors les poches à encre et ajouter l'encre. Verser 150 ml de fumet de poisson, porter à ébullition et laisser frémir le tout pendant environ 15 minutes.

5 Mettre le riz dans la cocotte et bien mélanger. Verser peu à peu le fumet de poisson, au fur et à mesure qu'il est absorbé par le riz. Au bout d'environ 25 minutes, le riz doit être bien crémeux et avoir absorbé tout le fumet de poisson. Saler et poivrer le risotto.

Risotto aux truffes

Pour 4 personnes

3 c.s. d'huile d'olive

350 g de riz rond

Sel

Poivre

300 ml de crème liquide

1 ou 2 truffes blanches ou noires

1 l de bouillon de poule

4 c.s. de parmesan fraîchement râpé

Préparation : 20 minutes
(Temps de cuisson en sus)
Par portion : 423 kcal/1 775 kj
P : 14 g, L : 9 g, G : 71 g

1 Faire chauffer l'huile dans une cocotte et mettre le riz. Le faire cuire quelques minutes en remuant jusqu'à ce qu'il soit bien imprégné de graisse. Saler et poivrer. Incorporer la crème liquide.

2 Nettoyer et frotter les truffes avec un torchon humide, détailler quelques fins copeaux à mettre de côté, hacher le reste et incorporer au riz.

3 Faire chauffer le bouillon de poule et le verser sur le riz à la louche. Ne verser la louche suivante qu'après complète absorption de la louche précédente. Répéter l'opération jusqu'à ce qu'il ne reste plus de bouillon. Après 25 minutes de cuisson, le riz doit être bien crémeux mais encore al dente.

4 Garnir le risotto de copeaux de truffe et de parmesan avant de servir.

Polenta
aux deux sauces

Pour 4 personnes

675 ml de bouillon de légumes
150 g de semoule de maïs
2 gousses d'ail
130 g de beurre
100 g de parmesan fraîchement râpé, poivre, sel

Sauce aux champignons

700 g de mélange de champignons
1 oignon, 1 c.s. d'huile d'olive
60 g de beurre
1 piment séché
100 ml de vin blanc sec
Sel, poivre
½ botte de persil plat fraîchement ciselé

Sauce tomate

1 oignon, 1 gousse d'ail
½ branche de céleri en branches
1 kg de tomates
2 c.s. d'huile d'olive
6 feuilles de basilic ciselées
½ botte de persil fraîchement ciselé
½ c.c. de feuilles de thym hachés
1 feuille de laurier, sel, poivre

Préparation : 30 min.
(Temps de cuisson en sus)
Par portion : 805 kcal/3381 kj
P : 20 g, L : 62 g, G : 39 g

1 Porter le bouillon de légumes à ébullition dans une casserole et saler. Y verser la semoule en pluie en tournant et faire épaissir la polenta à feu doux en continuant de tourner jusqu'à ce qu'elle se détache légèrement des parois de la casserole.

2 Éplucher et hacher finement l'ail. Incorporer à la polenta avec le beurre, le parmesan, du sel et du poivre pour qu'elle devienne onctueuse.

3 Pour la sauce aux champignons, nettoyer, laver et couper les champignons en gros morceaux. Éplucher et hacher l'oignon. Faire chauffer l'huile et le beurre dans une casserole et y faire revenir les champignons avec l'oignon pendant environ 5 minutes. Verser le vin et laisser évaporer presque entièrement. Assaisonner la sauce de sel, poivre et piment émietté. Incorporer le persil.

4 Pour la sauce tomate, éplucher et hacher finement l'oignon et l'ail. Nettoyer, laver et couper le céleri en dés. Peler les tomates, ôter les pédoncules, épépiner et concasser.

5 Faire chauffer l'huile d'olive dans un faitout et y faire revenir l'oignon avec l'ail. Ajouter le céleri et les tomates avec les herbes hachées et la feuille de laurier et laisser frémir à feu doux pendant environ 40 minutes. Puis retirer la feuille de laurier, saler et poivrer la sauce.

6 Répartir la polenta sur les assiettes et garnir avec les deux sauces.

Polenta gratinée savoureusement farcie

Pour 4 personnes

Sel

300 g de semoule de maïs

10 g de cèpes séchés
ou 50 g de cèpes frais

1 oignon

75 g de lard de poitrine

2 carottes

1 céleri en branches

3 noisettes de beurre

150 g de saucisse à griller

200 g de bœuf haché

400 g de tomates

50 ml de vin rouge sec

Poivre

100 g de fontina en fines tranches

50 g de parmesan fraîchement râpé

Préparation : 40 minutes
(Temps de cuisson en sus)
Par portion : 1 067 kcal/4 483 kj
P : 37 g, L : 73 g, G : 63 g

1 Porter à ébullition environ 1 litre d'eau salée dans un faitout et verser la semoule en pluie. Laisser épaissir la polenta à feu doux pendant environ 20 minutes. L'étaler ensuite sur une planche en bois enduite d'huile et laisser refroidir.

2 Faire tremper entre-temps les cèpes séchés dans de l'eau bouillante. Éplucher et hacher l'oignon, tailler le lard en lardons. Nettoyer, laver et couper en dés la carotte et le céleri.

3 Faire chauffer une noisette de beurre dans une poêle et y faire sauter les lardons. Ajouter l'oignon et faire revenir. Incorporer les légumes et faire cuire 3 minutes.

4 Égoutter les champignons, presser et couper en petits morceaux. Couper la saucisse à griller en morceaux. Mettre la viande hachée et la saucisse dans la poêle et bien faire revenir en remuant. Incorporer ensuite les champignons. Peler, épépiner et concasser grossièrement les tomates. Les mettre avec le vin dans la poêle et bien mélanger le tout. Assaisonner et laisser réduire un peu.

5 Préchauffer le four à 200 °C. Détailler la polenta refroidie en bandes de 4 à 5 cm de large. Graisser un plat à gratin avec un peu de beurre et déposer alternativement une couche de polenta, de préparation à la viande et de fontina. Terminer par une couche de polenta. Parsemer avec le reste du beurre en flocons et saupoudrer de parmesan. Faire gratiner au four pendant environ 35 minutes.

Pizzas & Tourtes

Pizza capricciosa

Pour 1 moule à pizza rond

Pâte au levain

250 g de farine

25 g de levure

Sel

4 c.s. d'huile d'olive

Sauce tomate

400 g de tomates (en conserve)

2 c.s. d'huile d'olive

Sel, poivre

½ c.c. de sucre

1 c.c. de thym séché

½ c.c. d'origan séché

2 gousses d'ail

Garniture

150 g de jambon blanc

6 filets d'anchois

100 g d'olives noires dénoyautées

10 cœurs d'artichaut (en bocal)

150 g de mozzarella

Préparation : 50 minutes
(Temps de repos et de cuisson en sus)
Par portion : 600 kcal/2520 kj
P : 33 g, L : 29 g, G : 52 g

1 Tamiser la farine dans une terrine et ménager un puits au centre. Délayer la levure dans 1/8 l d'eau chaude et verser ce mélange dans le puits. Poudrer de farine et laisser lever 15 minutes dans un endroit chaud. Puis ajouter au levain 100 ml d'eau, 1 pincée de sel et l'huile et malaxer le tout pour obtenir une pâte homogène. Bien pétrir la pâte au moins 10 minutes pour qu'elle soit ferme mais souple. Laisser lever la pâte environ 1 heure dans la terrine couverte dans un endroit chaud.

2 Mettre les tomates dans un faitout avec 1 c.s. d'huile d'olive et les cuire à feu vif pendant environ 7 minutes, faire réduire un peu. Assaisonner de sel, poivre, sucre et herbes. Hacher l'ail et l'incorporer à la sauce tomate.

3 Préchauffer le four à 250 °C (chaleur tournante 225 °C). Graisser un moule à pizza rond avec le reste de l'huile. Abaisser la pâte, la déposer dans le moule et relever les bords. Laisser lever la pâte de nouveau 15 minutes.

4 Tailler le jambon en lanières. Bien égoutter et éponger les filets d'anchois. Couper les olives en deux, égoutter et couper en deux les cœurs d'artichaut. Détailler la mozzarella en cubes.

5 Répartir la sauce tomate sur la pâte puis garnir de jambon, d'olives, d'anchois et d'artichaut. Saler et poivrer puis répartir la mozzarella par-dessus. Faire cuire la pizza environ 15 minutes au four.

Pizza aux moules

Pour 1 moule à pizza rond
Pâte au levain (voir page 116)
Sauce tomate (voir page 116)
500 g de palourdes
1 gousse d'ail
4 c.s. d'huile d'olive
½ botte de persil plat
Poivre
1 c.c. d'origan séché
100 g de mozzarella

Préparation : 50 minutes
(Temps de repos et de cuisson en sus)
Par portion : 475 kcal/1 995 kj
P : 27 g, L : 16 g, G : 55 g

1 Préparer la pâte au levain suivant la recette de la page 116 et laisser reposer. Préparer de même la sauce tomate.

2 Laver soigneusement les palourdes, éliminer celles qui sont ouvertes. Éplucher et hacher grossièrement la gousse d'ail. Étuver les palourdes dans un faitout sans eau avec l'huile, l'ail et la moitié du persil pendant environ 5 minutes jusqu'à ce que toutes les coquilles soient ouvertes. Les palourdes restées fermées sont gâtées et ne peuvent être consommées.

3 Laver le reste du persil, secouer pour le sécher et ciseler. Abaisser la pâte et la déposer dans le moule. Laisser reposer 15 minutes. Préchauffer le four à 250 °C (chaleur tournante 225 °C).

4 Détacher les palourdes des coquilles à la pointe du couteau. Détailler la mozzarella en cubes. Répartir la sauce tomate sur la pâte puis les palourdes. Assaisonner de sel, poivre et origan puis garnir de persil et de mozzarella. Faire cuire au four environ 15 minutes.

Pizza calzone
Chausson farci à la viande

Pour 1 chausson

1 pâte au levain (voir page 116)

150 g de rôti froid, salami, mortadelle ou jambon blanc

2 ciboules

1 gousse d'ail

2 tomates

100 g de rucola

1 œuf

1 c.s. de concentré de tomates

Sel

Poivre

1 c.c. de thym

1 c.c. d'origan

50 g de pecorino râpé

1 c.s. d'huile d'olive

Préparation : 30 minutes
(Temps de repos et de cuisson en sus)
Par portion : 319 kcal/1340 kj
P : 26 g, L : 18 g, G : 13 g

1 Confectionner la pâte au levain suivant les instructions de la page 116 et laisser lever la pâte environ 1 heure.

2 Couper le rôti froid, le saucisson ou le jambon en petits dés. Nettoyer, laver et émincer les ciboules. Éplucher et hacher finement l'ail. Ébouillanter et peler les tomates, ôter les pédoncules, épépiner et concasser. Laver et éponger la rucola, couper grossièrement les feuilles.

3 Abaisser la pâte sur un plan de travail fariné et former un disque d'environ 35 cm de diamètre. Battre l'œuf et en badigeonner le bord de la pâte. Répartir le concentré de tomates sur la pâte. Préchauffer le four à 250 °C (chaleur tournante 225 °C).

4 Garnir une moitié de la surface avec les ingrédients, assaisonner de sel, poivre et herbes et ajouter le fromage. Replier la partie non garnie pour former un chausson et bien presser les bords pour souder. Badigeonner le chausson avec le reste de l'œuf.

5 Placer le chausson sur une plaque huilée. Faire cuire au four pendant environ 20 minutes. Servir très chaud.

Focaccia romaine

Pour 1 plaque (15 parts)

450 g de farine de blé dur

25 g de levure

Sel

3 c.s. d'aiguilles de romarin

550 g d'oignons rouges et blancs

2 c.s. d'huile d'olive

4 gousses d'ail

½ botte de persil plat

150 g de parmesan fraîchement râpé

Préparation : 40 minutes
(Temps de repos et de cuisson en sus)
Par portion : 178 kcal/748 kj
P : 7 g, L : 6 g, G : 24 g

1 Confectionner une pâte au levain avec la farine, la levure, 300 ml d'eau chaude, du sel et la moitié des aiguilles de romarin suivant la recette de la page 116 et laisser lever dans un endroit chaud.

2 Pour la garniture, éplucher et émincer finement les oignons. Faire chauffer l'huile dans une poêle et y faire fondre les oignons jusqu'à ce qu'ils deviennent translucides. Éplucher et écraser l'ail, l'ajouter aux oignons. Faire cuire la préparation à couvert pendant encore 7 minutes.

3 Préchauffer le four à 200 °C (chaleur tournante 180 °C). Abaisser la pâte sur un plan de travail fariné de sorte qu'elle ait environ 5 mm d'épaisseur et la déposer sur une plaque graissée. Répartir les oignons fondus sur la pâte.

4 Laver le persil, secouer pour le sécher et ciseler. Le parsemer avec le reste des aiguilles de romarin sur les oignons et saupoudrer de fromage. Cuire au four environ 20 minutes. Couper ensuite en parts carrées et servir.

Pizza calabraise

Pour 1 moule à pizza rond

1 pâte au levain (voir page 116)

Sauce tomate (voir page 116)

1 oignon

1 gousse d'ail

150 g de thon (en conserve)

4 filets d'anchois

1 c.s. de câpres

50 g d'olives noires dénoyautées

Sel

Poivre

1 c.s. de thym séché

50 g de parmesan fraîchement râpé

Préparation : 50 minutes
(Temps de repos et de cuisson en sus)
Par portion : 503 kcal/2111 kj
P : 23 g, L : 24 g, G : 49 g

1 Préparer la pâte au levain et la sauce tomate suivant les recettes de la page 116. Laisser lever la pâte.

2 Éplucher l'oignon et l'ail, émincer l'oignon et hacher l'ail. Égoutter le thon. Rincer et éponger les filets d'anchois, les couper en petits morceaux. Égoutter les câpres. Préchauffer le four à 250 °C (chaleur tournante 225 °C).

3 Abaisser la pâte et la déposer dans le moule graissé. Relever les bords. Badigeonner de sauce tomate.

4 Répartir le reste des ingrédients (sauf les épices et le fromage) sur la pâte, saler, poivrer, assaisonner de thym. Parsemer de fromage et faire cuire au four pendant environ 15 minutes.

Pizza aux fruits de mer

Pour un moule à pizza rond

Pâte au levain (voir page 116)

Sauce tomate (voir page 116)

100 g de petits calamars préparés

200 g de crevettes fraîches

100 g de paloudes (en bocal)

1 botte de basilic

Sel

Poivre

1 c.s. d'huile d'olive

3 c.s. de pecorino fraîchement râpé

Préparation : 30 minutes (Temps de repos et de cuisson en sus)

Par portion : 415 kcal/1 743 kj

P : 26 g, L : 12 g, G : 50 g

1 Préparer la pâte au levain et la sauce tomate suivant les recettes de la page 116. Laisser lever la pâte.

2 Laver et éponger les calamars et les étuver environ 5 minutes dans un peu d'eau. Évacuer l'eau, les passer sous l'eau froide et égoutter. Décortiquer les crevettes et enlever l'intestin. Égoutter les palourdes.

3 Préchauffer le four à 200 °C (chaleur tournante 180 °C). Abaisser la pâte, la déposer dans le moule graissé et relever les bords. Laisser lever un moment. Puis couvrir de sauce tomate et garnir de fruits de mer.

4 Laver le basilic, secouer pour le sécher et ciseler grossièrement. En parsemer la pizza puis saler et poivrer le tout. Asperger d'huile d'olive, saupoudrer de fromage et faire cuire au four pendant environ 15 minutes.

Tourte aux légumes avec des asperges

Pour 4 personnes

180 g de farine de blé

80 g de beurre

5 œufs

3 c.s. de lait

375 g d'asperges vertes

2 gousses d'ail

250 g de ricotta

50 g de pecorino fraîchement râpé

Sel

Poivre

½ c.c. de noix muscade fraîchement râpée

Préparation : 40 minutes (Temps de repos et de cuisson en sus)
Par portion : 612 kcal/2572 kj
P : 29 g, L : 38 g, G : 40 g

1 Tamiser 150 g de farine dans une terrine, faire ramollir 50 g de beurre et l'ajouter. Bien mélanger, puis incorporer 1 œuf et ajouter le lait. Malaxer le tout pour obtenir une pâte homogène et l'envelopper dans un film alimentaire. Laisser reposer 30 minutes au frais.

2 Nettoyer les asperges et éplucher le tiers inférieur. Laver et faire cuire les asperges dans une eau bouillante salée pendant environ 6 minutes. Évacuer l'eau de cuisson et égoutter. Préchauffer le four à 200 °C (chaleur tournante 180 °C).

3 Faire fondre le reste du beurre dans une casserole et mélanger le reste de la farine en tournant pour éviter les grumeaux. Retirer la casserole du feu.

4 Couper les asperges en tronçons de 2 cm de long, éplucher et hacher finement l'ail. Bien mélanger les asperges avec l'ail, le reste des œufs, la ricotta, le pecorino et le roux, saler, poivrer et assaisonner de noix muscade.

5 Abaisser les 2/3 de la pâte, former un cercle de 28 cm de diamètre et le déposer dans un moule démontable graissé (23 cm de diamètre). Enlever le bord, piquer plusieurs fois le fond à la fourchette. Répartir la garniture aux asperges sur la pâte.

6 Abaisser le reste de la pâte et tailler de fines lanières. Disposer ces lanières en croisillons sur la tourte. Puis faire cuire au four environ 25 minutes. Servir froid.

Product of France
750 ml

Tourte au fromage et au jambon à la calabraise

Pour 4 personnes
25 g de levure
300 g de farine de blé
Sel
20 g de saindoux
4 œufs
2 c.s. d'huile d'olive
100 g de fromage «caciocavallo»
200 g de ricotta
100 g de jambon fumé
Poivre

Préparation : 40 minutes
(Temps de repos et de cuisson en sus)
Par portion : 657 kcal/2 761 kj
P : 35 g, L : 32 g, G : 55 g

1 Délayer la levure dans 4 c.s. d'eau et laisser lever 10 minutes. Tamiser la moitié de la farine avec un peu de sel dans une terrine, ménager un puits au centre et verser la levure délayée. Ajouter 2 c.s. d'eau et malaxer le tout uniformément. Laisser lever la pâte à couvert environ 1 heure.

2 Entre-temps laisser ramollir le saindoux, battre 2 œufs. Mélanger le reste de la farine avec les œufs, le saindoux et l'huile d'olive et l'adjoindre au levain. Travailler le tout pour obtenir une pâte homogène et souple. Diviser en 3.

3 Abaisser les 2/3 de la pâte sur un plan de travail fariné, former un cercle (23 cm de diamètre) et le déposer dans un moule démontable graissé. Presser les bords. Laisser reposer la pâte 15 minutes.

4 Couper le fromage en tranches, cuire 2 œufs durs pendant 8 minutes, les refroidir à l'eau froide, les écaler et les couper en cubes. Détailler le jambon en lanières. Déposer alternativement des tranches de fromage, des cubes d'œuf, de la ricotta et des lanières de jambon sur la pâte. Bien saler et poivrer.

5 Abaisser le reste de pâte et former un disque pour couvrir la tourte. Bien souder les bords. Laisser lever la tourte encore 30 minutes. La faire cuire ensuite dans le four préchauffé à 200 °C (chaleur tournante 180 °C) environ 30 minutes.

Jourte aux bettes
à la ligurienne

Pour 4 personnes

250 g de farine

3 œufs

120 ml d'huile d'olive

½ c.c. de sel

500 g de bettes

1 oignon

1 gousse d'ail

100 g de champignons de Paris

8 filets d'anchois

200 g de petits pois surgelés

2 c.s. de basilic fraîchement haché

100 g de ricotta

Sel

Poivre

Matière grasse pour le moule

Préparation : 35 minutes (Temps de repos et de cuisson en sus)
Par portion : 692 kcal/2908 kj
P : 63 g, L : 22 g, G : 58 g

1 Tamiser la farine dans une terrine. Mélanger 1 œuf avec 100 ml d'huile d'olive et du sel et ajouter à la farine. Travailler le tout pour obtenir une pâte homogène et laisser reposer à couvert dans un endroit chaud environ 30 minutes.

2 Nettoyer et laver les bettes, éplucher les grosses côtes et couper le reste en fines lanières. Éplucher et hacher finement l'oignon et l'ail. Nettoyer et frotter les champignons de Paris avec un torchon humide et les émincer. Égoutter et couper les anchois en petits morceaux.

3 Faire revenir l'oignon et l'ail dans le reste de l'huile. Ajouter les lanières de bettes et cuire ensemble, 5 minutes après, mettre les champignons dans la poêle et cuire le mélange 5 minutes jusqu'à ce que tout le liquide soit évaporé. Incorporer les petits pois 4 minutes après. Assaisonner la préparation.

4 Incorporer le basilic et les anchois et laisser refroidir. Préchauffer le four à 220 °C (chaleur tournante 200 °C). Graisser un moule démontable de 26 cm de diamètre. Abaisser la pâte en une fine couche, la déposer dans le moule et relever les bords.

5 Fouetter les œufs restants avec la ricotta, saler et poivrer. Incorporer la moitié de cette préparation aux légumes et répartir le tout sur le fond de pâte. Verser par-dessus le reste des œufs battus à la ricotta et faire cuire la tourte au four environ 35 minutes.

Panzarottis fourrés à la mozzarella

Pour 4 personnes

Pâte au levain (voir page 116)

5 tomates

Sel

Poivre

½ botte de basilic

175 g de mozzarella

1 blanc d'œuf

1 l d'huile de friture

Préparation : 30 minutes
(Temps de repos et de cuisson en sus)
Par portion : 695 kcal/2919 kj
P : 18 g, L : 49 g, G : 47 g

1 Préparer la pâte au levain suivant la recette de la page 116 et laisser lever dans un endroit chaud.

2 Ébouillanter et peler les tomates, ôter les pédoncules et réduire en purée. Pour recueillir les pépins, passer la purée de tomates au chinois puis faire réduire la purée de tomates d'un tiers, dans une poêle, avec du sel et du poivre, jusqu'à obtention d'une bouillie épaisse. Laver le basilic, secouer pour le sécher et ciseler finement. L'ajouter à la purée de tomates.

3 Couper la mozzarella en rondelles. Abaisser la pâte sur un plan de travail bien fariné de sorte qu'elle ait environ 5 mm d'épaisseur et découper des cercles de 10 cm de diamètre.

4 Badigeonner la moitié de la surface des disques de purée de tomates et garnir chacun d'une rondelle de mozzarella. Saler et poivrer. Replier les disques, badigeonner les bords de blanc d'œuf.

5 Faire chauffer l'huile de friture dans un grand faitout ou dans une friteuse et frire les panzarottis en petites quantités de façon qu'ils soient bien dorés. Les égoutter sur du papier absorbant et servir chaud.

Épinards et jambon en feuilleté

Pour 4 personnes

450 g de pâte feuilletée surgelée

1 kg d'épinards

1 oignon

1 gousse d'ail

2 c.s. d'huile d'olive

200 g de jambon blanc

5 œufs

Sel

Poivre

1 c.c. de noix muscade râpée

2 c.s. de farine

Préparation : 30 minutes
(Temps pour décongeler et temps de cuisson en sus)
Par portion : 860 kcal/3612 kj
P : 31 g, L : 59 g, G : 50 g

1 Faire décongeler la pâte feuilletée. Trier, nettoyer, laver et blanchir les épinards dans un grand faitout à feu doux. Évacuer l'eau, égoutter et bien presser.

2 Éplucher et hacher finement l'oignon et l'ail. Faire chauffer de l'huile dans une poêle et y faire revenir l'oignon avec l'ail. Ajouter les épinards et cuire 3 minutes. Couper le jambon en fines lanières. Faire cuire 4 œufs durs pendant 10 minutes et les refroidir sous l'eau froide.

3 Étaler la pâte feuilletée en un grand carré sur un plan de travail fariné. Répartir sur la pâte d'abord les lanières de jambon, puis les épinards. Écaler les œufs refroidis et les couper en rondelles. Déposer les rondelles d'œuf sur les épinards. Saler, poivrer et assaisonner le tout de noix muscade.

4 Préchauffer le four à 200 °C (chaleur tournante 180 °C). Rouler la pâte feuilletée avec précaution. Bien presser les bords pour souder. Battre l'œuf restant et en badigeonner les bords ainsi que tout le feuilleté. Graisser la plaque du four et saupoudrer de farine. Y déposer le feuilleté aux épinards et enfourner pendant 40 minutes. Puis sortir du four, laisser refroidir environ 10 minutes et couper en larges tranches.

Ciabatta

Pain blanc croustillant

Pour 4 miches

Levain

5 g de levure

550 g de farine de blé

Pâte

10 g de levure

500 g de farine de blé

500 g de levain

15 g de sel

3 c.s. d'huile d'olive

Préparation : 30 minutes
(Temps de repos et de cuisson en sus)
Par miche : 965 kcal/4053 kj
P : 26 g, L : 12 g, G : 186 g

1 Pour le levain, délayer la levure dans 400 ml d'eau chaude, mélanger avec la farine tamisée et malaxer pour obtenir une pâte souple. Laisser reposer au moins 12 heures.

2 Le lendemain, partager le levain en deux. Mettre une moitié de côté et la congeler pour une utilisation ultérieure. Délayer la levure avec 4 c.s. d'eau chaude, mélanger avec un peu de farine et laisser lever 10 minutes.

3 Travailler ensuite la levure fermentée avec le levain, le sel et 250 ml d'eau chaude jusqu'à obtention d'une pâte lisse et souple. La pâte doit être élastique et malléable.

4 Mettre 2 c.s. d'huile d'olive dans une terrine et y déposer la pâte de sorte qu'elle «nage» dans l'huile. L'entreposer dans un endroit chaud à couvert au moins 2 heures pour qu'elle double de volume.

5 Déposer la pâte huileuse sur un plan de travail généreusement fariné et la partager en 4. Graisser 2 plaques allant au four. Rouler les boules de pâte dans la farine, les étirer pour former des miches oblongues et les disposer sur les plaques. Laisser de nouveau lever les pains pendant 1 heure de façon qu'ils soient presque deux fois plus gros.

6 Préchauffer le four à 200 °C (chaleur tournante 180 °C). Puis enfourner les miches pendant environ 20 minutes.

Viandes & Volailles

Escalopes à la sauce au marsala

Pour 4 personnes

4 escalopes de porc
Sel
Poivre
4 c.s. de farine
3 noisettes de beurre clarifié
75 ml de marsala
50 ml de fond de viande

Préparation : 10 minutes
(Temps de cuisson en sus)
Par portion : 572 kcal/2 404 kj
P : 41 g, L : 33 g, G : 28 g

1 Aplatir les escalopes. Les enduire de sel et de poivre et les tourner dans la farine.

2 Faire chauffer le beurre clarifié dans une poêle et dorer les escalopes des deux côtés environ 4 minutes. Les retirer de la poêle et garder au chaud.

3 Déglacer le jus de cuisson avec le marsala et le fond et faire réduire d'un tiers. Dresser les assiettes avec les escalopes et servir avec la sauce au marsala.

Rôti de bœuf au barolo

Pour 4 personnes

2 gousses d'ail
50 de lard de poitrine
2 carottes
½ branche de céleri en branches
1 kg d'épaule de bœuf
1 c.c. de grains de poivre
10 grains de genièvre
2 feuilles de laurier
1 bâton de cannelle
2 clous de girofle
1 pincée de sucre
1 brin de romarin
1 branche de thym
750 ml de barolo
3 c.s. de marsala
Sel
Poivre
4 c.s. d'huile d'olive
2 noisettes de beurre clarifié
Farine pour saupoudrer
2 c.s. de cognac
2 branches de persil

Préparation : 30 minutes
(Temps de macération et de cuisson en sus)
Par portion : 1032 kcal/4336 kj
P : 57 g, L : 62 g, G : 21 g

1 Éplucher et couper en deux les gousses d'ail. Détailler le lard de poitine en lanières. Éplucher les carottes, nettoyer le céleri. Laver et couper les légumes en rondelles. Piquer la viande à plusieurs endroits avec un couteau et entrelarder l'ail et les lanières de lard.

2 Placer la viande dans un saladier, ajouter les légumes. Écraser grossièrement les grains de poivre et de genièvre et les adjoindre à la viande avec les feuilles de laurier, la cannelle, les clous de girofle et les tiges d'aromates. Verser le vin et le marsala et faire mariner la viande à couvert au réfrigérateur pendant 12 heures. Retourner une fois.

3 Retirer la viande de la marinade et l'éponger. L'enduire de sel et de poivre. Passer la marinade au chinois, recueillir le liquide, égoutter les légumes et les tiges d'aromates.

4 Faire chauffer l'huile et le beurre clarifié dans une sauteuse et y faire revenir les légumes avec les aromates. Saupoudrer la viande de farine et la faire dorer. Déglacer avec le cognac.

5 Verser la marinade sur la viande, laver le persil et l'incorporer. Faire mijoter la viande à couvert à feu doux pendant environ 2 heures 30 minutes jusqu'à ce qu'elle soit très tendre. Retirer le rôti et les tiges d'aromates de la sauteuse et réduire la sauce en purée. Saler et poivrer. Découper le rôti et servir avec la sauce. Accompagner de polenta.

Filet de bœuf farci
à la lombarde

Pour 4 personnes

1 botte de persil
1 tige d'estragon
4 feuilles de sauge
3 c.s. de parmesan râpé
50 g de chapelure
Sel
Poivre
75 g de pecorino
1 kg de filet de bœuf
150 g de jambon cru
3 c.s. d'huile d'olive
2 tiges d'origan
100 ml de vin rouge sec

Préparation : 20 minutes
(Temps de cuisson en sus)
Par portion : 925 kcal/3885 kj
P : 101 g, L : 49 g, G : 14 g

1 Laver les herbes, secouer pour les sécher et effeuiller l'estragon. Hacher finement le persil, 2 feuilles de sauge et l'estragon. Mélanger avec le parmesan et la chapelure, saler et poivrer.

2 Détailler le pecorino en lamelles. Faire une fente dans la viande dans le sens de la longueur et placer dans la poche la farce au parmesan et aux herbes ainsi que les lamelles de pecorino. Couper le jambon en tranches et en barder la viande. Ficeler avec un fil de cuisine.

3 Préchauffer le four à 180 °C (chaleur tournante 160 °C). Faire chauffer l'huile dans une sauteuse et y faire revenir le reste des feuilles de sauge et les brins d'origan puis faire dorer la viande de tous les côtés. Faire cuire le rôti au four pendant environ 35 minutes. Retirer enfin le rôti de la sauteuse et laisser reposer 10 minutes.

4 Déglacer le fond du rôti avec le vin et un peu d'eau et passer au chinois. Dans une casserole, porter la sauce à ébullition et laisser réduire un peu. Couper la viande en tranches et arroser de sauce avant de servir.

Saltimbocca à la romaine

Pour 4 personnes

4 escalopes de veau (de 125 g chaque)

4 grandes feuilles de sauge

4 tranches de jambon séché à l'air

2 noisettes de beurre clarifié

3 c.s. de vin blanc sec

125 ml de fond de viande

Sel

Poivre

Préparation : 20 minutes
(Temps de cuisson en sus)
Par portion : 230 kcal/964 kj
P : 32 g, L : 11 g, G : 1 g

1 Aplatir les escalopes. Laver les feuilles de sauge et secouer pour les sécher. Poser sur chaque escalope 1 feuille de sauge et 1 tranche de jambon et maintenir avec une pique en bois.

2 Faire fondre le beurre clarifié dans une poêle et y faire dorer les saltimbocca des deux côtés pendant respectivement 4 minutes. Retirer de la poêle et garder au chaud.

3 Déglacer le fond de cuisson avec le vin, verser le fond de viande et faire réduire la sauce d'un tiers. Saler et poivrer. Dresser les saltimbocca sur les assiettes et servir avec la sauce. Accompagner de pâtes.

Osso buco

Jarret de veau à la sauce au vin

Pour 4 personnes

4 tranches de jarret de veau avec os

2 c.s. de farine

2 c.s. d'huile d'olive

2 oignons

1 gousse d'ail

1 carotte

½ céleri en branches

200 g de purée de tomates (en conserve)

200 ml de vin rouge sec

environ 500 ml de fond de viande

½ feuille de laurier

4 c.s. d'herbes fraîchement hachées

Sel

Poivre

Préparation : 20 minutes
(Temps de cuisson en sus)
Par portion : 263 kcal/1 103 kj
P : 33 g, L : 9 g, G : 7 g

1 Saupoudrer les tranches de viande de farine et les faire dorer des deux côtés dans une sauteuse dans de l'huile d'olive très chaude. Les retirer de la sauteuse.

2 Éplucher et hacher finement les oignons et l'ail. Nettoyer, laver et couper la carotte et le céleri en petits morceaux. Mettre les légumes avec les oignons et l'ail dans la poêle et faire revenir 3 minutes. Ajouter les tomates et mouiller avec le vin. Porter à ébullition.

3 Déposer les tranches de viande dans la sauce et recouvrir de fond de viande.

4 Ajouter le laurier et aussi la moitié des herbes. Couvrir la sauteuse et laisser mijoter la viande environ 1 heure. Après 30 minutes de cuisson, retourner la viande et rectifier l'assaisonnement.

5 À la fin de la cuisson, retirer le laurier et incorporer le reste des herbes. Si la sauce est trop épaisse, allonger avec un peu de vin, de bouillon ou d'eau.

6 Servir l'osso buco nappé de sauce.

Ragoût de queue de bœuf au fenouil

Pour 4 personnes

1 carotte

2 oignons

2 gousses d'ail

4 c.s. d'huile d'olive

1,25 kg de queue de bœuf, coupée en morceaux

400 g de tomates pelées (en conserve)

300 ml de vin blanc sec

2 clous de girofle

1 feuille de laurier

250 ml de bouillon de bœuf

300 g de fenouil

Sel

Poivre

Préparation : 30 minutes
(Temps de cuisson en sus)
Par portion : 823 kcal/3455 kj
P : 69 g, L : 51 g, G : 10 g

1 Éplucher la carotte, les oignons et l'ail. Détailler la carotte en cubes, hacher les oignons et l'ail. Faire chauffer l'huile dans une poêle et faire dorer les morceaux de queue de bœuf sur tous les côtés. Retirer de la poêle et réserver.

2 Mettre la carotte, les oignons et l'ail dans la graisse de cuisson et faire revenir. Égoutter les tomates dans une passoire, les concasser et les incorporer. Faire cuire le tout 3 minutes, mouiller avec le vin et ajouter les clous de girofle et la feuille de laurier.

3 Déposer les morceaux de viande dans une cocotte, ajouter les légumes et laisser mijoter le tout à couvert environ 1 heure 30 minutes sur la cuisinière. Verser peu à peu le bouillon de bœuf et retourner la viande de temps en temps.

4 Nettoyer le fenouil, retirer les feuilles du bas, laver et couper le bulbe en tranches. À la fin du temps de cuisson, l'ajouter à la viande puis laisser le tout mijoter encore 1 heure.

5 Retirer la viande et le fenouil de la sauteuse, faire légèrement réduire le fond de cuisson, saler et poivrer. Remettre la viande et le fenouil dans la sauteuse, donner un tour de bouillon et servir.

Poitrine de veau farcie
à la ligurienne

Pour 4 personnes

100 g de cervelle de veau
100 g de ris de veau
1 gousse d'ail
750 g de poitrine de veau à farcir
100 g de filet de porc
15 g de cèpes séchés
30 g de beurre
200 ml de vin blanc sec
75 g de petits pois
1 c.s. de marjolaine fraîchement hachée
2 c.s. de pistaches hachées
3 c.s. de parmesan fraîchement râpé
3 œufs
2 l de bouillon de légumes
Sel
Poivre
Noix muscade

Préparation : 35 minutes
(Temps de trempage et de cuisson en sus)
Par portion : 440 kcal/1840 kj
P : 48 g, L : 25 g, G : 4 g

1 Faire tremper dans l'eau la cervelle et le ris de veau pendant environ 2 heures, égoutter et nettoyer. Éplucher l'ail et en frotter l'intérieur de la poitrine. Détailler le filet en cubes. Faire tremper les champignons séchés dans de l'eau bouillante.

2 Faire chauffer le beurre dans une poêle et y faire revenir les cubes de filet, ajouter la cervelle et le ris de veau et cuire ensemble. Verser le vin. Égoutter et couper les champignons en petits morceaux, les ajouter. Laisser frémir 2 minutes puis réduire cette préparation en purée au mixeur.

3 Mélanger la purée de viande dans un saladier avec les petits pois, la marjolaine, les pistaches, le parmesan et les œufs et malaxer pour obtenir une pâte lisse. Remplir de farce l'intérieur de la poitrine et ficeler avec du fil de cuisine.

4 Déposer la poitrine de veau dans un grand faitout et la recouvrir de bouillon. Couvrir le faitout et laisser frémir la poitrine environ 1 minute, puis enlever le couvercle et laisser mijoter la viande pendant 1 heure. Piquer la viande plusieurs fois à intervalles réguliers.

5 Retirer la poitrine de veau du faitout et la laisser refroidir entre deux assiettes, en mettant un poids sur l'assiette du dessus. Puis couper en tranches et assaisonner de sel poivre et muscade avant de servir.

Foie de veau
à la vénitienne

Pour 4 personnes
500 g d'oignons
2 c.s. d'huile d'olive
600 g de foie de veau
4 feuilles de sauge
Sel
Poivre
3 c.s. de marsala

Préparation : 20 minutes
(Temps de cuisson en sus)
Par portion : 305 kcal/1 281 kj
P : 32 g, L : 13 g, G : 14 g

1 Éplucher et émincer finement les oignons. Dans une poêle, faire chauffer 1 c.s. d'huile d'olive et y faire blondir les oignons sans laisser prendre coloration. Les faire fondre à feu doux pendant environ 15 minutes.

2 Laver, éponger et couper le foie en fines tranches. Faire chauffer le reste de l'huile dans une deuxième poêle et faire revenir les tranches de foie des deux côtés jusqu'à ce qu'il ne soit plus rouge. Laver et sécher les feuilles de sauge, les mettre dans la poêle.

3 Retirer le foie de la poêle, saler, poivrer et garder au chaud. Porter le fond de cuisson à ébullition avec le marsala. Servir le foie avec les oignons et un peu de sauce.

Ragoût d'agneau aux champignons

Pour 4 personnes

1 kg de gigot d'agneau désossé

500 g de petits champignons de Paris

200 g d'oignons

3 c.s. d'huile d'olive

125 ml de vin blanc sec

Sel

Poivre

1 c.s. de romarin fraîchement haché

2 c.s. de marsala

Préparation : 25 minutes
(Temps de cuisson en sus)
Par portion : 452 kcal/1 900 kj
P : 56 g, L : 13 g, G : 5 g

1 Détailler le gigot en cubes. Nettoyer et frotter les champignons de Paris avec un torchon humide. Éplucher et hacher grossièrement les oignons.

2 Préchauffer le four à 190 °C (chaleur tournante 170 °C). Faire chauffer l'huile d'olive dans une casserole et y faire revenir la viande. Ajouter les oignons et faire cuire ensemble en retournant. Incorporer les champignons et le vin et verser autant d'eau qu'il faut pour recouvrir la viande. Saler, poivrer et assaisonner de romarin.

3 Couvrir la casserole et faire cuire le ragoût au four pendant environ 1 heure de façon que la viande soit bien tendre. Rectifier l'assaisonnement avec du marsala.

Côtelettes d'agneau aux olives

Pour 4 personnes

600 g de côtelettes d'agneau
2 c.s. de farine
4 c.s. d'huile d'olive
Sel
250 ml de fond de veau
125 g d'olives noires
1 c.s. d'origan
½ piment séché
Jus d'un demi citron

Préparation : 15 minutes
(Temps de cuisson en sus)
Par portion : 405 kcal/1 701 kj
P : 45 g, L : 23 g, G : 5 g

1 Laver et éponger la viande. Puis couper en tranches et saupoudrer généreusement de farine.

2 Faire chauffer l'huile d'olive dans une poêle et y faire revenir les côtelettes d'agneau des deux côtés, saler ensuite et ajouter 125 ml de fond de veau. Laisser mijoter l'agneau à feu doux pendant environ 5 minutes en retournant souvent.

3 Dénoyauter et hacher les olives, les ajouter à la viande et parsemer l'origan, émietter le piment et saupoudrer. Ajouter le reste du fond et laisser mijoter la viande à couvert environ 5 minutes.

4 À l'issue du temps de cuisson, ajuster l'assaisonnement de l'agneau avec le jus de citron et servir avec des pommes de terre.

Rôti de porc au lait

Pour 4 personnes

1 kg de cuisse de porc désossée

1 gousse d'ail

500 ml de vin blanc sec

Farine pour saupoudrer

5 noisettes de beurre

1 brin de romarin

750 ml de lait

Sel

Poivre

Préparation : 20 minutes
(Temps de macération et de cuisson en sus)
Par portion : 510 kcal/2142 kj
P : 48 g, L : 29 g, G : 12 g

1 Placer la viande dans un grand saladier. Éplucher, couper l'ail en tranches et l'ajouter à la viande. Verser le vin sur la viande et laisser mariner dans un endroit frais environ 48 heures.

2 Retirer la viande de la marinade et l'éponger. Saupoudrer de farine. Faire chauffer le beurre dans une grande sauteuse et y faire revenir la cuisse de porc sur tous les côtés.

3 Laver le romarin et hacher finement les aiguilles. L'ajouter à la viande avec le lait, saler et poivrer. Couvrir la sauteuse et faire cuire le rôti de porc au four à 170 °C pendant environ 2 heures.

4 Retirer la cuisse de la sauteuse et la poser sur un plat. Porter la sauce du rôti à ébullition et faire réduire pour obtenir une sauce onctueuse. Couper la viande en tranches et servir avec la sauce au lait.

Chevreau au vin rouge

Pour 4 personnes

800 g de chevreau
750 ml de vin rouge sec
1 feuille de laurier
2 feuilles de sauge
1 brin de romarin
1 piment frais
4 c.s. d'huile d'olive
1 oignon
Sel
400 g de tomates

Préparation : 30 minutes
(Temps de macération et de cuisson en sus)
Par portion : 552 kcal/2320 kj
P : 41 g, L : 28 g, G : 8 g

1 Détailler le chevreau en cubes d'une bouchée. Mettre les cubes dans un saladier et arroser de vin rouge. Laver la feuille de laurier, les feuilles de sauge et le brin de romarin et les ajouter à la viande.

2 Nettoyer, laver et couper grossièrement le piment en enlevant les pépins. L'ajouter à la viande et laisser celle-ci mariner une nuit.

3 Retirer ensuite la viande de la marinade et bien l'éponger. Éplucher et hacher finement l'oignon. Faire chauffer l'huile dans une sauteuse et y faire revenir l'oignon. Mettre les cubes de viande et les faire dorer de tous les côtés à feu vif. Assaisonner de sel.

4 Passer la marinade au chinois et la verser peu à peu sur la viande. Laisser réduire lentement.

5 Entre-temps, ébouillanter et peler les tomates. Retirer les pédoncules, épépiner et concasser. Mettre les tomates dans la sauteuse et les mélanger avec la viande quand la marinade est réduite. Couvrir la sauteuse et faire mijoter le tout à feu doux pendant environ 1 heure 30 minutes ou le temps nécessaire à ce que la viande soit bien tendre. Ajouter un peu d'eau de temps en temps.

6 Servir le ragoût quand la préparation est très consistante.

Lapin
aux tomates et aux aromates

Pour 4 personnes

1 lapin préparé
Sel
Poivre
2 gousses d'ail
1 brin de romarin
2 branches de thym
2 feuilles de laurier
300 g de tomates
1 oignon
1 carotte
2 branches de céleri en branches
3 c.s. d'huile d'olive
200 ml de vin rosé sec
2 c.s de grappa

Préparation : 30 minutes
(Temps de cuisson en sus)
Par portion : 735 kcal/3087 kj
P : 79 g, L : 40 g, G : 7 g

1 Découper le lapin en 8 morceaux. L'enduire de sel et de poivre. Éplucher et hacher l'ail.

2 Laver les herbes, secouer pour sécher, détacher les aiguilles et les feuilles des tiges. Les hacher grossièrement.

3 Ébouillanter et peler les tomates, ôter les pédoncules, épépiner et concasser finement. Éplucher l'oignon, nettoyer et laver la carotte et le céleri. Couper les légumes en dés.

4 Faire chauffer l'huile dans une sauteuse et y faire dorer le lapin de tous les côtés. Retirer de la sauteuse. Mettre l'ail, les aromates, l'oignon et les légumes et cuire 3 minutes, puis verser le vin et la grappa. Incorporer les tomates et bien mélanger le tout.

5 Remettre le lapin dans la sauteuse. Saler et poivrer la préparation et faire mijoter le lapin à couvert pendant environ 45 minutes.

Civet de lièvre
à la mode du Trentino

Pour 4 personnes

1 lièvre préparé (environ 1,5 kg) avec les abats

Sel

Poivre

100 g de poitrine fumée

1 oignon

5 noisettes de beurre clarifié

250 ml de fond de viande

5 c.s. d'huile d'olive

1 foie de lièvre

1 cœur de lièvre

250 ml de bouillon de poule

2 c.s. de sauge fraîchement hachée

2 c.s. de vinaigre balsamique

Préparation : 20 minutes
(Temps de cuisson en sus)
Par portion : 646 kcal/2714 kj
P : 59 g, L : 43 g, G : 12 g

1 Découper le lièvre en 6 à 8 morceaux, saler et poivrer. Tailler la poitrine fumée en lardons, éplucher et couper l'oignon en dés. Faire chauffer le beurre clarifié dans une sauteuse et y faire revenir les lardons, ajouter les oignons et les faire fondre jusqu'à ce qu'ils deviennent translucides.

2 Mettre les morceaux de lièvre dans la sauteuse et cuire quelques minutes, puis verser le fond de viande, donner un tour de bouillon et faire braiser le lièvre à couvert à feu doux pendant environ 2 heures.

3 Faire chauffer l'huile d'olive dans une poêle. Laver, sécher et couper les abats en petits morceaux. Les mettre dans la poêle et cuire 5 minutes. Verser le bouillon de poule et incorporer la sauge.

4 Saler et poivrer la sauce et laisser frémir environ 20 minutes. Quand la sauce commence à épaissir, assaisonner de vinaigre balsamique et adjoindre au lièvre 10 minutes avant la fin du temps de cuisson.

Poêlée de poulet piquante et épicée

Pour 4 personnes

1 poulet préparé (environ 1,2 kg)

Sel

Poivre

300 g de tomates

1 oignon

5 c.s. d'huile d'olive

150 ml de vin blanc sec

1 piment séché

1 c.s. de persil fraîchement ciselé

1 c.s. de livèche fraîchement hachée

1 c.s. de basilic fraîchement haché

50 g de provolone

Préparation : 30 minutes
(Temps de cuisson en sus)
Par portion : 425 kcal/1 790 kj
P : 21 g, L : 22 g, G : 6 g

1 Saler et poivrer le poulet et le détailler en 8 morceaux. Ébouillanter et peler les tomates, ôter les pédoncules, épépiner et couper en 8 quartiers. Éplucher et émincer l'oignon.

2 Faire chauffer l'huile dans une poêle et faire dorer les morceaux de poulet sur tous les côtés. Ajouter les rondelles d'oignon et cuire ensemble. Verser le vin, émietter finement le piment et l'incorporer.

3 Porter le mélange à ébullition et laisser mijoter jusqu'à évaporation presque complète du vin. Ajouter alors les quartiers de tomates et les aromates.

4 Laisser mijoter le poulet à couvert pendant 1 heure à feu doux. Après environ 40 minutes de cuisson, couper le provolone en dés et l'incorporer à la préparation. À l'issue du temps de cuisson, rectifier l'assaisonnement de la poêlée de poulet et servir.

Poissons & Fruits de mer

Dorade à l'oignon

Pour 4 personnes

1 oignon
1 gousse d'ail
1 brin de romarin
1 branche de thym
5 c.s. d'huile d'olive
1 piment frais
1 dorade préparée (environ 600 g)
Sel
1 gros oignon doux
Poivre
1 grosse pomme de terre
½ branche de céleri en branches
1 l de bouillon de légumes

Préparation : 30 minutes
(Temps de cuisson en sus)
Par portion : 345 kcal/1 449 kj
P : 29 g, L : 20 g, G : 13 g

1 Pour la farce, éplucher et hacher l'oignon et l'ail. Laver les herbes, secouer pour sécher, détacher les aiguilles et les feuilles des tiges et hacher. Mélanger l'oignon, l'ail et les herbes, ajouter 3 c.s. d'huile d'olive et remuer. Nettoyer, laver, épépiner et hacher finement le piment. L'incorporer au mélange.

2 Préchauffer le four à 180 °C (chaleur tournante 160 °C). Bien saler le poisson à l'intérieur et le farcir le plus possible. Éplucher et émincer l'oignon doux. Faire chauffer 2 c.s d'huile d'olive dans une sauteuse et y faire fondre les rondelles d'oignon avec le reste de la farce. Poser le poisson dessus et poivrer.

3 Laver, éplucher et couper la pomme de terre en dés. Nettoyer, laver et couper le céleri en petits morceaux. Disposer la pomme de terre et le céleri autour du poisson et enfourner le poisson environ 25 minutes. En cours de cuisson, verser peu à peu le bouillon de légumes. Dresser le poisson sur un plat avec les légumes et le fond de cuisson avant de servir.

Sardines farcies aux épinards

Pour 4 personnes

700 g de sardines préparées sans les têtes

1 petit pain rassis

250 g d'épinards

2 gousses d'ail

½ botte de basilic

1 œuf

40 g de parmesan fraîchement râpé

Sel

Poivre

4 c.s. d'huile d'olive

1 c.s. de pignons

Préparation : 25 minutes
(Temps de cuisson en sus)
Par portion : 498 kcal/2090 kj
P : 45 g, L : 32 g, G : 8 g

1 Laver et éponger les sardines. Faire tremper le petit pain dans de l'eau chaude. Nettoyer, laver et blanchir les épinards dans de l'eau bouillante salée environ 2 minutes. Évacuer l'eau et égoutter.

2 Préchauffer le four à 240 °C (chaleur tournante 220 °C). Éplucher et hacher l'ail, laver le basilic, secouer pour le sécher et ciseler finement. Presser le petit pain. Hacher les épinards et mélanger avec l'ail, le basilic, le petit pain, l'œuf et le parmesan pour obtenir une farce compacte. Saler et poivrer.

3 Farcir les sardines de farce aux épinards puis les déposer dans un grand plat à gratin et asperger d'huile d'olive. Parsemer de pignons. Faire cuire les sardines au four pendant environ 15 minutes.

Filets de sole gratinés

Pour 4 personnes

8 filets de sole sans la peau

Sel

Poivre

1 gousse d'ail

8 c.s. de chapelure

4 c.s. de persil plat fraîchement ciselé

4 c.s. d'aneth haché

6 c.s. de pecorino râpé

6 c.s. d'huile d'olive

Préparation : 15 minutes
(Temps de cuisson en sus)
Par portion : 705 kcal/2961 kj
P : 66 g, L : 31 g, G : 41 g

1 Préchauffer le four à 240 °C (chaleur tournante 220 °C). Saler et poivrer les filets de sole et les déposer sur une plaque huilée.

2 Éplucher et hacher l'ail. Mélanger avec la chapelure, les aromates et le pecorino et répartir sur les filets. Asperger d'huile d'olive.

3 Gratiner les filets de sole au four environ 15 minutes.

Bar à la sauce aux olives

Pour 4 personnes
4 bars préparés
Sel
Poivre
Jus d'un citron
Sauce Worcestershire
1 botte d'estragon
150 g de farine
1 botte de ciboules
100 g de jambon blanc
1 piment frais
100 g d'olive
1 c.s. de câpres (en bocal)
2 c.s. d'huile d'olive
2 c.s. de concentré de tomates
200 ml de vin blanc sec
200 ml de bouillon de légumes

Préparation : 30 minutes
(Temps pour griller et temps de cuisson en sus)
Par portion : 550 kcal/2310 kj
P : 49 g, L : 16 g, G : 42 g

1 Préchauffer le gril du four à température maximum. Saler et poivrer les poissons et les mettre dans un saladier. Les arroser de jus de citron et de sauce Worcestershire et laisser mariner 20 minutes.

2 Laver l'estragon, secouer pour le sécher et utiliser une branche par poisson comme farce. Retirer les poissons de la marinade et les tourner dans la farine. Les faire griller sous le gril très chaud du four pendant 15 minutes.

3 Nettoyer, laver et couper les ciboules en petits morceaux. Tailler le jambon en dés, nettoyer, laver, épépiner et hacher finement le piment. Dénoyauter et hacher les olives. Égoutter les câpres.

4 Faire chauffer l'huile dans une casserole et y faire revenir les ciboules. Ajouter le jambon, le piment, les olives et les câpres et faire cuire un instant. Incorporer le concentré de tomates et déglacer avec le vin et le bouillon. Saler et poivrer la sauce. Dresser les poissons avec la sauce sur des assiettes.

Poêlée de morue
aux pommes de terre et olives

Pour 4 personnes

800 g de morue

25 g de champignons séchés (par exemple cèpes et morilles)

1 carotte

1 oignon

2 gousses d'ail

½ branche de céleri en branches

3 c.s. d'huile d'olive

50 g de pignons

200 ml de vin blanc sec

Sel

500 g de pommes de terre

2 c.s. de concentré de tomates

150 g d'olives noires

Préparation : 30 minutes
(Temps de trempage et de cuisson en sus)
Par portion : 855 kcal/3591 kj
P : 124 g, L : 27 g, G : 25 g

1 Dessaler le poisson pendant au moins 2 jours, puis le rincer soigneusement, l'éponger et le couper en morceaux. Faire tremper les champignons dans de l'eau bouillante pendant 30 minutes.

2 Éplucher la carotte, l'oignon et l'ail. Nettoyer et laver le céleri. Couper les légumes en dés et hacher l'ail finement. Faire chauffer l'huile dans une poêle et y faire revenir les légumes avec l'ail.

3 Égoutter les champignons, recueillir le liquide et couper les champignons en petits morceaux. Mettre la morue, les champignons et les pignons dans la poêle et faire cuire 2 minutes puis mouiller avec le vin et saler le poisson.

4 Laver, éplucher et couper les pommes de terre en cubes d'une bouchée. Délayer le concentré de tomates dans 3 c.s. d'eau et le verser avec les pommes de terre dans la poêle à poisson. Laisser frémir le tout pendant environ 30 minutes. Incorporer les olives dénoyautées juste avant de servir.

Rougets bardés de pancetta

Pour 4 personnes

4 rougets préparés (de 300 g chaque)

Sel

Poivre

1 limette non traitée

2 gousses d'ail

1 brin de romarin

½ botte d'aneth

50 g de chapelure

100 g de pancetta (lard maigre) en fines tranches

Préparation : 20 minutes (Temps de macération et de cuisson en sus)
Par portion : 458 kcal/1922 kj
P : 62 g, L : 18 g, G : 11 g

1 Déposer les poissons dans un grand plat à gratin. Saler et poivrer. Laver la limette à l'eau bouillante, éplucher la moitié du zeste et le couper en fines lanières. Presser la limette.

2 Éplucher et hacher très finement l'ail. Laver le romarin, secouer pour le sécher, détacher les aiguilles de la tige et hacher. Mélanger l'ail avec le zeste de limette, le jus de limette et le romarin. Verser cette marinade sur les poissons et mettre tout au frais pendant environ 1 heure.

3 Laver l'aneth, secouer pour le sécher, le hacher et mélanger avec la chapelure. Préchauffer le four à 180 °C (chaleur tournante 160 °C). Retirer les poissons de la marinade, les éponger et les tourner dans la chapelure.

4 Enrouler les tranches de pancetta autour des poissons et déposer les poissons sur la lèchefrite du four.

5 Arroser les poissons de marinade et faire cuire le tout au four environ 20 minutes.

Thon grillé avec des anchois

Pour 4 personnes

4 tranches de thon (de 150 g chaque)

1 brin de romarin

1 gousse d'ail

200 ml de vin blanc sec

Jus de 2 limettes

Sel

Poivre

4 c.s. d'huile d'olive

3 anchois sans arêtes

Préparation : 20 minutes
(Temps de macération en sus)
Par portion : 598 kcal/2510 kj
P : 56 g, L : 37 g, G : 2 g

1 Laver et éponger le thon. Préchauffer le gril du four à température maximum.

2 Laver le romarin, secouer pour le sécher, détacher et hacher les aiguilles. Éplucher et hacher finement l'ail.

3 Préparer une marinade avec le vin, le jus de limette, le romarin et l'ail, la saler et poivrer. Mettre les tranches de thon dans la marinade et laisser macérer 3 heures. Puis retirer le poisson de la marinade et l'éponger. Le griller ensuite sous le gril environ 10 minutes de chaque côte et l'arroser de marinade.

4 Faire chauffer l'huile d'olive dans une poêle et y faire cuire les anchois 3 minutes des deux côtés, puis les écraser à la fourchette. Badigeonner le thon grillé de pâte d'anchois avant de servir.

Truites farcies aux écrevisses

Pour 4 personnes

4 grosses truites préparées sans arêtes

4 écrevisses

½ botte de persil

½ botte d'estragon

80 g de provolone fraîchement râpé

3 c.s. de grappa

1 œuf

Sauce Worcestershire

Sel

Poivre

Jus d'1 limette

50 ml de vin blanc sec

2 c.s. d'huile d'olive

150 g de crème liquide

1 c.s. de farine

1 c.s. de concentré de tomates

40 g de beurre

Préparation : 30 minutes
(Temps de cuisson en sus)
Par portion : 620 kcal/2 604 kj
P : 60 g, L : 33 g, G : 15 g

1 Laver et éponger les poissons. Laver les écrevisses et les décortiquer. Laver les herbes, secouer pour les sécher et hacher. Préchauffer le four à 200 °C (chaleur tournante 180 °C).

2 Dans un saladier, mélanger le fromage avec les herbes, 1 c.s. de grappa, l'œuf, quelques gouttes de sauce Worcestershire, du sel et du poivre et farcir les truites de cette préparation. Poser une écrevisse dans chaque truite et disposer celles-ci dans un grand plat.

3 Assaisonner les poissons de sel, poivre et jus de limette, puis verser dessus le vin, le reste de la grappa et l'huile d'olive et couvrir le tout d'une feuille d'aluminium. Griller au four pendant environ 25 minutes. Puis garder au chaud sur un plat.

4 Passer le fond de cuisson au chinois. Mélanger la crème liquide avec la farine et porter à ébullition dans une casserole jusqu'à ce que la crème épaississe. Assaisonner le fond de cuisson avec de la sauce Worcestershire et du concentré de tomates et incorporer le beurre.

5 Adjoindre la crème et servir cette sauce avec les truites farcies.

Anguille de rivière
aux raisins secs et champignons

Pour 4 personnes

1 kg d'anguille de rivière préparée sans la peau

2 c.s. de raisins secs

200 g de cèpes frais

1 carotte

1 oignon

2 gousses d'ail

4 c.s. d'huile d'olive

Jus d'un demi citron

Sel

Poivre

20 g de beurre

1 c.s. de farine

200 ml de vin rouge sec

50 ml de xérès

1 clou de girofle

2 feuilles de laurier

½ botte de persil

1 brin de romarin

Préparation : 30 minutes
(Temps de cuisson en sus)
Par portion : 1010 kcal/4242 kj
P : 42 g, L : 78 g, G : 24 g

1 Couper l'anguille en morceaux. Faire tremper les raisins secs dans de l'eau bouillante. Nettoyer, laver et émincer les champignons. Éplucher la carotte et la couper en rondelles. Éplucher et hacher finement l'oignon et l'ail.

2 Faire chauffer 2 c.s. d'huile d'olive dans une poêle et y faire revenir les rondelles de champignons. Après 5 minutes, ajouter le jus de citron, du sel et du poivre et retirer les champignons du feu.

3 Dans une deuxième poêle, faire chauffer le reste de l'huile avec le beurre et y faire cuire les légumes et l'oignon 3 minutes, puis ajouter les morceaux d'anguille et les faire dorer sur tous les côtés. Retirer l'anguille de la poêle et garder au chaud.

4 Mettre l'ail dans la poêle et braiser 2 minutes, puis verser la farine en tournant pour éviter les grumeaux. Ajouter le vin rouge, le xérès et les épices et verser 150 ml d'eau. Laisser frémir la sauce environ 30 minutes puis la passer au chinois. Laver le persil et le romarin, secouer pour les sécher, détacher les aiguilles du romarin de la tige. Hacher les aromates et les incorporer en dernier.

5 Mélanger cette sauce lisse avec les raisins égouttés, les champignons et les morceaux d'anguille. Laisser frémir 20 minutes puis servir.

Espadon au marsala

Pour 4 personnes

4 steaks d'espadon (de 175 g chaque)

3 c.s. de jus de citron

½ botte de persil

1 oignon

1 gousse d'ail

Sel

Poivre

4 c.s. d'huile d'olive

125 ml de vin blanc sec

75 ml de marsala

2 anchois (en bocal)

Préparation : 20 minutes
(Temps de cuisson en sus)
Par portion : 353 kcal/1 481 kj
P : 36 g, L : 20 g, G : 3 g

1 Asperger l'espadon de jus de citron. Laver le persil, secouer pour le sécher et ciseler finement. Éplucher et hacher finement l'oignon et l'ail. Enduire les steaks de poisson de sel et de poivre.

2 Faire chauffer l'huile dans une poêle et faire griller les tranches de poisson 2 minutes de chaque côté, puis ajouter l'oignon et l'ail et cuire ensemble. Mouiller avec le vin et le marsala et laisser frémir le tout à couvert pendant 5 minutes.

3 Égoutter les anchois et les écraser à la fourchette. Retirer le poisson de la sauce et garder au chaud. Incorporer le persil et les anchois à la sauce et porter à ébullition.

4 Faire réduire la sauce d'un tiers en tournant puis en napper les steaks d'espadon.

Queues de langoustes
au vin blanc

Pour 4 personnes

1 kg de queues de langouste préparées précuites
1 c.s. de jus de citron
100 g de beurre
1 c.s. d'huile d'olive
50 g de farine
Sel
Poivre
1 brin de romarin
250 ml de vin blanc sec

Préparation : 15 minutes
(Temps de cuisson en sus)
Par portion : 560 kcal/2352 kj
P : 53 g, L : 28 g, G : 13 g

1 Préchauffer le four à 180 °C (chaleur tournante 160 °C). Laver soigneusement et éponger les queues de langouste, puis les asperger de jus de citron et laisser macérer environ 10 minutes.

2 Faire chauffer le beurre et l'huile dans une grande cocotte. Saupoudrer les queues de langouste de farine et les faire dorer sur tous les côtés dans la matière grasse très chaude. Saler et poivrer.

3 Laver le romarin et le mettre dans la cocotte, verser également le vin. Faire cuire les queues de langouste au four pendant environ 12 minutes. Accompagner de risotto.

Langoustines frites à la vénitienne

Pour 4 personnes

24 langoustines crues non décortiquées

3 c.s. de farine

3 œufs

Sel

Poivre

Huile à friture

2 citrons

2 branches d'aneth

Préparation : 20 minutes
(Temps pour la friture en sus)
Par portion : 775 kcal/3255 kj
P : 129 g, L : 17 g, G : 22 g

1 Décortiquer les langoustines et séparer les têtes. Pratiquer une incision avec un couteau tranchant le long du ventre et ôter l'intestin. Laver et éponger les langoustines. Puis les saupoudrer de farine.

2 Battre les œufs, saler et poivrer. Faire chauffer l'huile dans un grand faitout ou dans une friteuse.

3 Tremper les scampi dans l'œuf battu, égoutter brièvement et les faire dorer dans l'huile bouillante environ 3 minutes. Égoutter ensuite sur du papier absorbant.

4 Laver les citrons à l'eau bouillante et les couper en quartiers. Laver l'aneth, secouer pour le sécher. Servir les crevettes avec les quartiers de citron et l'aneth haché. Accompagner de ciabatta.

Moules farcies aux tomates

Pour 4 personnes

1,5 kg de moules

5 œufs

250 g de chapelure

125 g de pecorino fraîchement râpé

3 c.s. de persil fraîchement ciselé

1 gousse d'ail

3 c.s. d'huile d'olive

400 g de purée de tomates (en conserve)

Sel

Poivre

1 c.s. d'origan fraîchement haché

Préparation : 30 minutes
(Temps de cuisson en sus)
Par portion : 768 kcal/3224 kj
P : 60 g, L : 30 g, G : 64 g

1 Brosser soigneusement les moules sous l'eau courante et éliminer les moules ouvertes. Préchauffer le four à 200 °C (chaleur tournante 180 °C). Porter un grand faitout d'eau à ébullition et y faire cuire les moules pendant environ 5 minutes jusqu'à ce qu'elles s'ouvrent. Éliminer les moules restées fermées. Évacuer l'eau et égoutter les moules.

2 Battre les œufs et mélanger avec la chapelure et le fromage. Incorporer le persil et battre le tout pour obtenir une préparation crémeuse. Déposer les moules ouvertes sur la plaque du four et répartir dessus la préparation à l'œuf. Fermer les coquilles avec précaution et faire cuire les moules au four pendant environ 15 minutes.

3 Pour la sauce, éplucher et hacher finement l'ail. Faire chauffer l'huile dans une casserole et y faire revenir l'ail. Ajouter les tomates et laisser frémir le mélange à feu doux pendant environ 10 minutes. Saler, poivrer et assaisonner d'origan.

Calamars farcis
avec des pommes de terre

Pour 4 personnes

2 petits pains rassis

3 gousses d'ail

1 botte de persil plat

2 œufs

Sel

Poivre

12 calamars préparés de calibre moyen avec les tentacules

1 oignon

2 grosses tomates

500 g de pommes de terre

1 piment séché

4 c.s. d'huile d'olive

Préparation : 35 minutes
(Temps de trempage et de cuisson en sus)
Par portion : 805 kcal/3381 kj
P : 104 g, L : 22 g, G : 46 g

1 Pour la farce, faire tremper les petits pains dans de l'eau chaude. Éplucher et hacher finement l'ail. Laver le persil, secouer pour le sécher et ciseler. Après 10 minutes, bien presser les petits pains. Mélanger les petits pains avec les œufs, un tiers de l'ail et la moitié du persil dans un saladier, saler et poivrer.

2 Laver soigneusement et éponger les calmars et remplir les corps de cette farce (veiller à ne farcir les corps qu'à moitié car la farce gonfle en cuisant). Fermer avec une pique en bois. Préchauffer le four à 160 °C (chaleur tournante 140 °C).

3 Éplucher et émincer l'oignon. Ébouillanter et peler les tomates, ôter les pédoncules, épépiner et concasser la chair. Laver et éplucher les pommes de terre et les couper en rondelles d'1 cm d'épaisseur. Émietter le piment.

4 Disposer les rondelles d'oignon, les dés de tomates et le reste de l'ail dans un plat à gratin ou la lèchefrite du four, saler, poivrer et ajouter 3 c.s. d'eau. Répartir les rondelles de pomme de terre dessus et poser les calmars par-dessus. Parsemer de piment et asperger d'huile d'olive.

5 Recouvrir le plat d'une feuille d'aluminium et faire cuire les calamars au four pendant environ 1 heure. Parsemer le reste du persil avant de servir très chaud.

Pot-au-feu de poissons aux tomates

Pour 4 personnes

1,5 kg d'un mélange de poissons et de fruits de mer préparés (par exemple, morceaux ou rondelles de calamar, rouget, mulet, poisson Saint Pierre, palourdes, moules, crevettes)

5 c.s. d'huile d'olive

1 oignon

2 gousses d'ail

1 piment mariné

500 g de tomates

Farine pour saupoudrer

Sel

Poivre

2 c.s. de vinaigre de vin

3 c.s. de persil fraîchement ciselé

4 tranches de pain blanc

4 noisettes de beurre

Préparation : 40 minutes
(Temps de cuisson en sus)
Par portion : 678 kcal/2846 kj
P : 73 g, L : 36 g, G : 16 g

1 Laver les crustacés. Brosser soigneusement les moules. Mettre 2 c.s. d'huile d'olive dans une poêle et cuire à l'étouffée jusqu'à ce que les coquilles des moules s'ouvrent. Retirer le tout de la poêle et détacher la chair des coquilles. Réserver.

2 Laver, éponger et couper les poissons en morceaux. Éplucher et hacher finement l'oignon et l'ail. Égoutter le piment. Ébouillanter et peler les tomates, ôter les pédoncules, épépiner et concasser.

3 Saupoudrer les morceaux de poisson de farine. Faire chauffer le reste de l'huile dans une cocotte et y faire revenir l'oignon avec l'ail et le piment. Ajouter ensuite les tomates, saler et poivrer et laisser frémir la sauce pendant environ 20 minutes.

4 Passer la sauce au chinois et la remettre dans la cocotte. Y déposer les morceaux de poisson et faire cuire à couvert pendant environ 15 minutes. Rassembler les crustacés et les incorporer au pot-au-feu de poissons avec le vinaigre et laisser mijoter encore 5 minutes à feu doux. Ajouter finalement le persil.

5 Faire griller le pain dans le beurre et le disposer sur les assiettes. Répartir le pot-au-feu de poissons dessus et servir.

Desserts

Choux à la crème
à garnir

Pour 4 personnes

200 ml de lait
4 noisettes de beurre
1 pincée de sel
140 g de farine
1 c.c. de levure chimique
4 œufs
Matière grasse pour le moule

Préparation : 20 minutes
(Temps de cuisson en sus)
Par portion : 625 kcal/2 625 kj
P : 13 g, L : 50 g, G : 319 g

1 Mettre le lait et le beurre dans une casserole et ajouter le sel. Porter à ébullition.

2 Mélanger la farine avec la levure chimique dans une terrine. Verser la farine sur le lait en tournant et tourner jusqu'à obtention d'une pâte homogène qui se détache du fond de la casserole.

3 Mettre la pâte dans un saladier et laisser refroidir un peu. Puis ajouter les œufs un par un sans arrêter de tourner. Préchauffer le four à 225 °C (chaleur tournante 200 °C). Graisser la tôle à pâtisserie.

4 Déposer la pâte en petits tas sur la tôle à l'aide d'une cuillère. Faire dorer les choux au four pendant 25 minutes. Laisser ensuite refroidir, inciser les choux et les garnir avec la crème de son choix.

Petits gâteaux aux amandes de Toscane

Pour 30 gâteaux

250 g d'amandes mondées

60 g de pignons

120 g de sucre

80 g de sucre glace

2 c.c. du zeste râpé d'une orange non traitée

3 blancs d'œuf

2 c.s. de Vin Santo

Matière grasse pour la tôle à pâtisserie

Préparation : 20 minutes
(Temps de repos et de cuisson en sus)
Par gâteau : 93 kcal/389 kj
P : 2 g, L : 5 g, G : 8 g

1 Mouliner les amandes et les pignons au mixeur ou broyer finement au pilon.

2 Mélanger dans un saladier les amandes, les pignons, le sucre et 60 g de sucre glace avec le zeste d'orange. Battre les blancs d'œuf en neige et incorporer en soulevant la masse. Verser finalement le Vin Santo.

3 Graisser une tôle à pâtisserie, déposer de petits tas de pâte avec une cuillère et laisser reposer une nuit à couvert.

4 Le lendemain, préchauffer le four à 180 °C (chaleur tournante 160 °C). Faire cuire les petits gâteaux aux amandes au four environ 15 minutes. Les laisser refroidir sur une grille à pâtisserie. Les saupoudrer du reste de sucre glace et les servir de préférence encore tièdes.

Figues fourrées avec du chocolat

Pour 4 personnes

8 figues fraîches

35 g de noix hachées

2 c.s. de miel

2 c.s. de marsala sec

80 g de mascarpone

80 g de chocolat au lait

Préparation : 30 minutes
(Temps de cuisson en sus)
Par portion : 412 kcal / 1 732 kj
P : 13 g, L : 17 g, G : 50 g

1 Laver les figues, les couper en bas pour qu'elles se tiennent droites et les fendre en croix en haut sur 2 cm. Préchauffer le four à 200 °C (chaleur tournante 180 °C).

2 Mélanger intimement les noix hachées, le miel, le marsala et le mascarpone. Pincer un peu les figues pour les ouvrir et les fourrer avec cette préparation. Les déposer sur une tôle ou dans un moule à soufflé et les faire cuire au four environ 12 minutes.

3 Faire fondre le chocolat au bain-marie et en napper les figues à l'issue de la cuisson. Servir les figues immédiatement.

Tiramisù
Un grand classique

Pour 4 personnes

4 jaunes d'œuf
100 g de sucre
300 g de mascarpone
100 g de biscuits à la cuiller
2 c.s. d'eau-de-vie
250 ml d'expresso froid
Poudre de cacao pour saupoudrer

Préparation : 30 minutes
(Temps de refroidissement en sus)
Par portion : 685 kcal/2877 kj
P : 32 g, L : 36 g, G : 44 g

1 Battre les jaunes d'œuf dans un saladier pour qu'ils soient mousseux, puis ajouter peu à peu le sucre et mélanger. Mettre la crème au bain-marie et continuer de battre jusqu'à ce que le mélange blanchisse. Incorporer le mascarpone cuillère par cuillère et mélanger au fouet.

2 Tapisser un moule rectangulaire avec la moitié des biscuits à la cuiller. Verser l'eau-de-vie dans le café et mouiller les biscuits avec au moins la moitié du café. Recouvrir avec la moitié de la crème au mascarpone. Disposer le reste des biscuits par-dessus et les arroser avec le reste du café. Répartir le reste de la crème par-dessus.

3 Entreposer le tiramisu au moins 8 heures ou pour la nuit au réfrigérateur. Saupoudrer ensuite de poudre de cacao et servir à température ambiante.

Panforte
Gâteau toscan aux fruits confits

Pour 1 moule démontable 28 cm de diamètre (12 parts)

100 g de noisettes
150 g de noix
100 g de pignons
250 g d'amandes
150 g de figues sèches
300 g d'un mélange de fruits confits
100 g de poudre de cacao
1 pincée de poivre blanc
1 pincée de noix muscade râpée
150 g de miel
150 g de sucre glace
1 feuille d'hostie (28 cm de diamètre)
Sucre glace pour saupoudrer

Préparation : 30 minutes
(Temps de cuisson en sus)
Par portion : 523 kcal / 2 198 kj
P : 11 g, L : 31 g, G : 50 g

1 Faire griller noisettes, noix, pignons et amandes dans une grande poêle à sec jusqu'à ce qu'ils dégagent leur arôme. Puis laisser refroidir et hacher finement.

2 Détailler les figues sèches et les fruits confits en petits dés et les mettre dans un saladier. Ajouter les noix, noisettes, amandes, pignons, cacao et épices et mélanger le tout. Préchauffer le four à 150 °C (chaleur tournante 130 °C).

3 Mettre le miel et le sucre glace dans un saladier en pyrex et remuer ce mélange posé sur un bain-marie jusqu'à ce que le miel soit fondu et bien lié au sucre glace.

4 Tapisser un moule démontable d'une grande feuille d'hostie. Réunir la préparation aux noix et le mélange au miel, ajouter 2 c.s. d'eau et mêler le tout intimement pour obtenir une masse lisse.

5 Verser cet appareil sur la feuille d'hostie et faire cuire le panforte au four pendant environ 30 minutes.

6 Démouler avec précaution, laisser refroidir et saupoudrer de sucre glace.

Panna Cotta
au marsala et à la menthe

Pour 4 personnes

4 feuilles de gélatine blanche

250 g de crème liquide

250 ml de lait

1 gousse de vanille

3 c.s. de sucre

½ c.c. du zeste râpé d'un citron non traité

2 c.s. de marsala

4 petites feuilles de menthe

Préparation : 30 minutes
(Temps de cuisson et de refroidissement en sus)
Par portion : 288 kcal / 1 208 kj
P : 5 g, L : 21 g, G : 21 g

1 Faire tremper la gélatine dans de l'eau froide. Mettre la crème liquide et le lait dans une casserole. Entailler la gousse de vanille, en gratter la pulpe et la mettre également dans la casserole. Ajouter le sucre et le zeste de citron et porter le mélange à ébullition. Laisser frémir à feu doux pendant environ 10 minutes.

2 Bien presser la gélatine et l'ajouter au mélange crème-lait, la dissoudre en remuant. Puis retirer la casserole du feu.

3 Remplir des ramequins rincés à l'eau froide de panna cotta et les mettre au frais pendant au moins 6 heures pour faire prendre la crème. Démouler la panna cotta sur les assiettes, asperger de marsala et décorer de petites feuilles de menthe.

Mousse aux marrons au rhum et à l'orange

Pour 4 personnes

350 g de châtaignes fraîches (marrons)

1 c.c. d'extrait de vanille

3 c.s. de rhum brun

65 g de cassonade

175 g de crème liquide

Jus d'une petite orange

Préparation : 30 minutes
(Temps de cuisson et de refroidissement en sus)
Par portion : 350 kcal/1 470 kj
P : 3 g, L : 15 g, G : 49 g

1 Entailler la coque des châtaignes avec un couteau et faire cuire les châtaignes dans de l'eau bouillante pendant environ 20 minutes jusqu'à ce que la coque éclate et que les châtaignes soient tendres. Les sortir de l'eau, égoutter et laisser refroidir. Puis éplucher et réduire en purée.

2 Mélanger la purée de châtaignes dans un saladier avec l'extrait de vanille, le rhum et le sucre et placer au frais.

3 Monter la crème en chantilly et ajouter peu à peu le jus de l'orange. Mélanger intimement la chantilly à l'orange avec la purée de châtaigne, remplir des coupelles et entreposer au réfrigérateur pendant 3 heures.

4 Servir la mousse de châtaigne avec de la glace ou une sauce au chocolat.

Gâteau au citron
frais et léger

Pour 1 moule à cake (8 parts)

12 gros œufs

175 g de sucre

1 paquet de sucre vanillé

150 g d'amandes hachées

Zestes râpés et jus de 4 citrons

Zeste râpé d'1 orange non traitée

300 g de farine de blé

½ c.c. de sel

Matière grasse pour le moule

Sucre glace pour saupoudrer

Préparation : 20 minutes
(Temps de cuisson en sus)
Par part : 465 kcal/1 953 kj
P : 19 g, L : 21 g, G : 50 g

1 Préchauffer le four à 170 °C (chaleur tournante 150 °C). Graisser un moule à cake (environ 25 cm de long).

2 Séparer les blancs des jaunes. Battre les jaunes dans un saladier pour qu'ils soient mousseux. Ajouter peu à peu le sucre, le sucre vanillé, les amandes, les zestes et le jus des citrons ainsi que le zeste d'orange et fouetter pour obtenir une préparation crémeuse.

3 Tamiser la farine dans une terrine et ajouter le sel. Adjoindre la farine à la préparation au citron et mélanger intimement. Battre les blancs en neige et incorporer en soulevant la masse à la fourchette jusqu'à obtention d'une pâte lisse.

4 Verser la pâte dans le moule à cake et cuire au four pendant environ 1 heure. Sortir le gâteau du four, le démouler tout de suite sur une grille et saupoudrer de sucre glace.

Sabayon au marsala et au citron

Pour 4 personnes

4 jaunes d'œuf

40 g de sucre

100 ml de marsala

Jus d'un demi citron non traité

Préparation : 20 minutes
Par portion : 118 kcal/496 kj
P : 4 g, L : 7 g, G : 10 g

1 Mettre les jaunes d'œuf dans une jatte en métal et battre avec le sucre pour obtenir un mélange très mousseux. Ajouter 1 c.s. d'eau chaude et placer la jatte au bain-marie. Continuer alors de fouetter la préparation œuf-sucre au fouet.

2 Ajouter peu à peu le marsala sans cesser de remuer la crème pendant environ 10 minutes jusqu'à ce qu'elle ait doublé de volume et qu'elle ait légèrement épaissi. Ajouter du jus de citron au goût.

3 Retirer la jatte du bain-marie, verser le sabayon dans des verres et servir encore chaud. Accompagner de biscuits cuillers ou d'amarettinis.

Cantuccinis à la toscane

Pour 50 morceaux

2 œufs

90 g de sucre

Jus et zeste râpé d'un demi orange non traitée

225 g de farine de blé

½ c.c. de levure chimique

125 g d'amandes entières

Préparation : 20 minutes
(Temps de cuisson en sus)
Par morceau : 41 kcal / 173 kj
P : 1 g, L : 2 g, G : 5 g

1 Préchauffer le four à 175 °C (chaleur tournante 155 °C). Battre les œufs et le sucre dans un saladier pour obtenir un mélange mousseux. Ajouter le jus et le zeste d'orange et mélanger.

2 Tamiser la farine avec la levure chimique sur le mélange des œufs et mélanger rapidement puis pétrir avec les mains pour obtenir une pâte bien souple.

3 Plonger les amandes dans de l'eau bouillante et les monder. Incorporer les amandes à la pâte. Former 3 rouleaux de pâte (d'environ 4 cm de diamètre) et déposer sur une tôle à pâtisserie préalablement graissée. Faire cuire au four pendant environ 30 minutes.

4 Sortir les rouleaux du four, laisser refroidir un instant et couper des tranches de l'épaisseur d'un doigt. Replacer les cantuccinis sur la tôle et poursuivre la cuisson 10 minutes au four pour qu'ils soient bien croustillants.

Zuppa inglese aux fruits confits

Pour 4 personnes

Génoise

3 œufs

50 g de sucre glace

1 paquet de sucre vanillé

40 g de farine

50 g de fécule

Crème

500 ml de lait

Pulpe d'une gousse de vanille

Sel

4 œufs

65 g de sucre

20 g de farine

1 c.s. de fécule de maïs

125 g de fruits confits

4 c.s. d'Amaretto

200 ml de crème liquide

50 g de mascarpone

Préparation : 30 minutes
(Temps de cuisson et de refroidissement en sus)
Par portion : 805 kcal/3381 kj
P : 30 g, L : 40 g, G : 77 g

1 Préchauffer le four à 200 °C (chaleur tournante 180 °C). Pour la pâte, séparer les blancs des jaunes. Battre les jaunes avec le sucre glace et le sucre vanillé pour obtenir un mélange mousseux. Monter les blancs en neige et incorporer délicatement. Mélanger la farine et la fécule, tamiser sur la crème et mélanger intimement. Répartir la pâte sur une tôle chemisée de papier sulfurisé et faire dorer au four pendant environ 15 minutes. À l'issue de la cuisson, déposer le biscuit sur une grille et laisser refroidir. Retirer le papier sulfurisé avec précaution.

2 Faire chauffer le lait, la pulpe de vanille et un peu de sel dans une casserole. Battre les jaunes d'œuf avec le sucre pour obtenir un mélange mousseux, ajouter la farine et la fécule de maïs et mélanger délicatement. Hors du feu, mélanger le lait vanillé avec la crème aux œufs.

3 Remettre la casserole sur le feu et tourner jusqu'à ce que la crème épaississe. Celle-ci ne doit pas bouillir. Retirer la casserole du feu et laisser refroidir en remuant de temps en temps. Entre-temps, découper le biscuit en larges tranches. Couper les fruits confits en dés.

4 Remplir un moule à soufflé avec alternativement des tranches de biscuits, de la crème et des fruits confits. Asperger les tranches de biscuit d'Amaretto. Monter la crème liquide en chantilly et y incorporer le mascarpone. Répartir finalement cette préparation sur la dernière couche de biscuit et décorer de fruits confits. Placer au frais pendant au moins 3 heures avant de servir.

Sorbet au melon
à la sicilienne

Pour 4 personnes

75 g de sucre

75 g de sucre glace

750 g de chair de melon (Pastèque, melon d'hiver ou melon cantaloup)

Jus d'un citron

Préparation : 15 minutes
(Temps de congélation en sus)
Par portion : 183 kcal/769 kj
P : 1 g, L : 1 g, G : 43 g

1 Mélanger les deux sucres et faire chauffer avec 150 ml d'eau dans une casserole en tournant jusqu'à ce que le sucre soit bien dilué. Laisser frémir le mélange 3 minutes puis laisser refroidir.

2 Enlever l'écorce des melons, les épépiner et les couper en petits dés. Puis réduire en purée au mixeur. Mélanger avec le jus de citron. Ajouter le sirop de sucre refroidi et bien remuer.

3 Verser la préparation dans un saladier et la mettre à congeler dans la sorbetière jusqu'à ce qu'elle soit à moitié prise. La sortir et bien malaxer, la remettre à congeler jusqu'à ce que le sorbet soit ferme.

4 Avant de servir, entreposer le sorbet au melon environ 30 minutes au réfrigérateur puis remplir des coupelles et servir.

Crespelles fourrées à la fraise

Pour 4 personnes

3 œufs

250 ml de lait

5 c.s. d'eau minérale

100 g de farine

80 g de sucre

Sel

5 noisettes de beurre clarifié

2 noisettes de beurre

Zeste râpé d'un demi citron non traité

120 ml de vin blanc sec

120 ml de liqueur d'orange

300 g de fraises

Préparation : 20 minutes
(Temps de repos et de cuisson en sus)
Par portion : 1 147 kcal/4 819 kj
P : 11 g, L : 91 g, G : 55 g

1 Mélanger les œufs avec le lait, l'eau minérale et la farine dans un saladier. Verser 30 g de sucre en pluie et ajouter une pincée de sel. Mélanger le tout pour obtenir une pâte lisse et laisser reposer 10 minutes.

2 Faire chauffer ensuite le beurre clarifié dans une poêle et faire dorer de fines crêpes avec la pâte. Les maintenir au chaud quand elles sont prêtes.

3 Faire chauffer le beurre dans une poêle et y caraméliser le reste du sucre. Ajouter peu à peu le zeste de citron, le vin blanc et la liqueur d'orange et en faire un sirop sans cesser de remuer.

4 Nettoyer, laver et couper les fraises en petits morceaux. Les mettre dans la poêle et réchauffer.

5 Répartir la préparation encore chaude sur les crêpes et les rouler. Servir immédiatement. Accompagner de crème fouettée selon les goûts.

Gâteau aux amandes à la ligurienne

Pour un moule démontable (26 cm de diamètre)

1 paquet de levure chimique

100 ml de lait

450 g de farine de blé

100 g de beurre

125 g de cassonade

125 g de cassonade

5 c.s. de miel

200 g d'amandes fraîchement moulues

Matière grasse pour le moule

3 c.s. de confiture d'abricots

2 c.s. d'amandes coupées en deux

Préparation : 25 minutes
(Temps de cuisson en sus)
Par portion : 395 kcal / 1 659 kj
P : 8 g, L : 58 g, G : 141 g

1 Préchauffer le four à 180 °C (chaleur tournante 160 °C). Délayer la levure chimique dans le lait et réchauffer. Tamiser la farine dans une terrine et ménager un puits au centre.

2 Faire fondre le beurre et le verser sur la farine. Ajouter le sucre, le miel et le lait avec la levure et mélanger le tout pour obtenir une pâte ferme. Incorporer les amandes moulues et bien pétrir la pâte avec les mains.

3 Graisser le moule. Abaisser la pâte, former un cercle et le déposer dans le moule. Faire cuire au four pendant 40 minutes. À l'issue du temps de cuisson, vérifier la cuisson en piquant le gâteau avec une pique en bois. Sortir le gâteau du four et laisser refroidir un instant.

4 Démouler le gâteau et le déposer sur une grille. Réchauffer la confiture d'abricots dans une casserole pour la liquéfier. En badigeonner le gâteau et déposer les amandes coupées en deux pour décorer. Laisser refroidir le gâteau avant de servir.

Glace à la ricotta avec de l'expresso

Pour 4 personnes

125 ml d'expresso
500 g de ricotta
100 g de sucre
4 jaunes d'œuf
3 c.s. de crème liquide
1 c.c. de sucre vanillé
4 c.s. de marsala
2 c.s. de poudre de cacao

Préparation : 15 minutes
(Temps de congélation en sus)
Par portion : 428 kcal/1 796 kj
P : 20 g, L : 24 g, G : 33 g

1 Laisser refroidir l'expresso. Faire passer la ricotta à travers une passoire au maillage fin et la mélanger avec l'expresso.

2 Battre le sucre avec les jaunes d'œuf pour obtenir un mélange mousseux, monter la crème en chantilly et incorporer le sucre vanillé et le marsala. Réunir la ricotta au café et la mousse aux œufs puis incorporer délicatement la crème fouettée.

3 Verser la préparation dans un saladier ou un plat rectangulaire et couvrir d'un film alimentaire. Placer au congélateur et laisser prendre pendant environ 3 heures.

4 Répartir ensuite la glace à la ricotta avec une cuillère à glace dans de petites jattes ou la couper en tranches et dresser les assiettes. Saupoudrer de poudre de cacao.

Parfait à l'Amaretto avec des figues

Pour 4 personnes

3 œufs
125 g de sucre
3 c.s. d'Amaretto
300 g de crème liquide
Pulpe d'½ gousse de vanille
4 figues
2 c.s. de cognac

Préparation : 20 minutes
(Temps de macération et de congélation en sus)
Par portion : 425 kcal / 1 785 kj
P : 8 g, L : 28 g, G : 29 g

1 Prendre un œuf et séparer le blanc du jaune. Mettre 2 œufs et le jaune avec 90 g de sucre dans une jatte en métal posée sur un bain-marie et battre pour obtenir un mélange mousseux. Verser lentement l'Amaretto et continuer de tourner la crème pendant encore 5 minutes.

2 Mélanger la crème liquide avec la pulpe de vanille et incorporer à la crème aux œufs. Verser la préparation dans 4 ramequins ou des coupes à glace et laisser prendre au congélateur pendant environ 3 heures.

3 Laver, éponger et couper les figues en rondelles. Les laisser macérer dans un saladier avec le cognac et le reste du sucre. Veiller à ce que les figues s'imprègnent de liquide de tous les côtés.

4 À l'issue du temps de congélation, plonger rapidement le fond des ramequins dans l'eau chaude et démouler le parfait sur les assiettes. Servir avec les figues macérées. Selon les goûts, accompagner d'un coulis de fruits.

Index des recettes